YIYE ÁVILA

UN Gran Legado para este tiempo

SEGUNDO TOMO

FUNDAMENTOS DE LA PROFECÍA

- EL PROFETA ELÍAS
- EL VALLE DE LOS HUESOS SECOS
- EL ANTICRISTO
- EL CUERPO GLORIFICADO

Unilit

Publicado por
Unilit
Medley, FL 33166

© 2019 Unilit
Primera edición: 2019

Diseño de cubierta e interior: *Digitype Services*

Las palabras en cursivas en las citas bíblicas indican el énfasis que añadió el autor.

El contenido que aparece en este segundo tomo se extrajo en su totalidad de los libros *El profeta Elías, El valle de los huesos secos, El anticristo y El cuerpo glorificado,* escritos por Yiye Ávila.

Categoría: Estudios bíblicos / Estudios generales / Profecía predictiva
Category: Biblical Studies / General Studies / Predictive Prophecy

Producto: 491461
ISBN: 0-7899-2539-7 / 978-0-7899-2539-8

Impreso en Colombia
Printed in Colombia

Dedicatoria

Dedico este libro desde lo más profundo de mi corazón, a mi Señor Jesucristo. Él, y solo Él, es mi vida. Sin Él no habría propósito de vivir. Todo sería en vano. Jesús es mi amor principal. Todo lo demás que tengo se lo debo a Él.

Sin Jesús jamás podría haber escrito este libro. Por lo tanto, con todo mi amor lo dedico al que ha hecho posible que yo le traiga al pueblo de Dios un libro como este, pues Él, y solo Él, hizo posible que se escribiera, a fin de llevar bendición a su pueblo. A ti, Señor, sea la gloria por la eternidad.

Jesús dijo: «Porque separados de mí nada podéis hacer».
Juan 15:5

CONTENIDO

Palabras introductorias

Como un homenaje a Yiye Ávila, quien fuera un siervo fiel de Dios, Unilit publica esta colección de sus libros agrupados en cuatro tomos que responden a las siguientes categorías:

- Vida cristiana
- Profecía
- Dones y milagros
- Escatología

El amor tan inmenso de Yiye Ávila por las almas, y su anhelo ferviente de traerlas a los pies de su Señor, hicieron posible obras tan singulares como estas, que responden a la necesidad del pueblo cristiano y, en especial, a su crecimiento espiritual.

Aunque el 28 de junio de 2013 Yiye recibió su mayor galardón y entró en el gozo de su Señor, su legado sigue en pie, y Unilit se hace eco de su labor al llevar el mensaje que Dios le mostrara: «Cristo viene, el fin se acerca».

Nuestra oración es que Dios use estos libros para que su pueblo esté preparado, a fin de expandir su Reino hasta lo último de la tierra y vivir cada día en la victoria que Cristo conquistó por nosotros en la cruz.

Los editores

PRIMERA PARTE

1

El profeta Elías

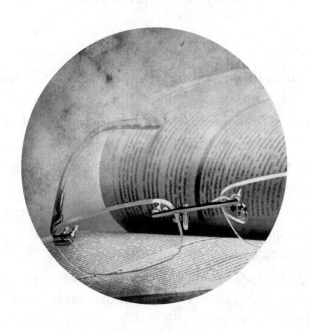

Inicio del ministerio profético de Elías

Cuando nos referimos al profeta Elías, hablamos de fe. Hablamos de un hombre que le creyó a Dios, y le honró en todo momento. Muy poco se conoce del origen y de la vida de este profeta. Sabemos que era de Galaad, una región montañosa al oriente del río Jordán (1 Reyes 17:1). Su testimonio nos señala que era un hombre de un valor constante, celoso de la obra de Dios, fiel como pocos. Cada situación que le vemos afrontar en los libros de Reyes es un reto gigante de fe y confianza en Jehová Dios.

A la orden del Señor, se escondió en el arroyo de Querit y allí pasó unos días alimentado por unos cuervos. A la petición de Elías, Dios cerró los cielos durante tres años y medio. Fue el hombre que se abrumó creyendo que era el único que quedaba de los profetas de Dios y que los profetas de Baal le sobrepasaban por cuatrocientos cincuenta hombres. Sin embargo, este fue también el hombre que, más tarde, desafió, avergonzó, se burló y erradicó a los profetas de Baal (1 Reyes 18:20-40).

A través de este pequeño libro veremos la fidelidad del hombre de Dios aun en medio de las situaciones más adversas. Dios no es Dios de circunstancias, sino de orden y propósitos. Nuestra responsabilidad es mantenernos fieles a Dios en todo momento, porque Él no falla.

Si fuéremos infieles, él permanece fiel; él no puede negarse a sí mismo.

2 Timoteo 2:13

Elías se enfrenta al rey Acab

*L*a Biblia nos relata que, a petición de Elías, Dios cerró los cielos durante tres años y medio, y en dicho tiempo hubo gran escasez de agua y comida, así que la situación era muy crítica. Durante el transcurso de estos años, los cuervos alimentaron a Elías junto al arroyo de Querit (1 Reyes 17:1-6). Luego, lo alimentó la viuda de Sarepta, cuya tinaja de harina y vasija de aceite no se agotaron, tal como dice la Palabra:

Y la harina de la tinaja no escaseó, ni el aceite de la vasija menguó, conforme a la palabra que Jehová había dicho por Elías.

1 Reyes 17:16

Después de estos hechos, vino palabra de Jehová a Elías, a fin de darle una nueva orden:

Ve, muéstrate a Acab, y yo haré llover sobre la faz de la tierra.

1 Reyes 18:1

Muchos morían de hambre, pero llegó el momento de Dios para enviar de nuevo lluvia, y llamó a Elías, profeta señalado y llamado por Él para que se presentara al rey Acab. Este fue uno de los reyes más impíos que ha existido, y reinó veintidós años en Israel. Como gobernante, tuvo éxito económico y político. A través de sus alianzas logró que Israel fuera en ese tiempo una nación próspera y respetable.

Desesperado, Acab buscaba a Elías por todas partes para matarlo, porque creía que Elías era el responsable de la sequía. A pesar de su búsqueda, no lo podía encontrar, porque Jehová le escondía. De acuerdo a la ubicación geográfica de Querit, este arroyo corría por un escabroso desfiladero. Sus paredes estaban llenas de cuevas y se presume que en una de ellas se escondió Elías.

El mayordomo del rey

Mientras Elías iba de camino a buscar al rey Acab, se encontró con un hombre llamado Abdías, el cual era mayordomo del rey y un hombre temeroso de Dios. Al verlo, Elías le dijo: «Ve, di a tu amo: Aquí está Elías» (1 Reyes 18:8).

Abdías, temiendo por su vida, se dirigió al rey para darle la noticia. Tenía miedo porque sabía que Acab buscaba a Elías para matarlo. Entonces, si al llegar Acab al lugar señalado por Abdías no encontraba a Elías, a quien mataría sería a él. Por lo tanto, iba temeroso, pero llegó donde estaba el rey y le dio aviso del paradero de Elías. Acab se dirigió en seguida a su encuentro. Cuando Acab vio a Elías le dijo:

¿Eres tú el que turbas a Israel? Y él respondió: Yo no he turbado a Israel, sino tú y la casa de tu padre, dejando los mandamientos de Jehová, y siguiendo a los baales.

1 Reyes 18:17-18

Acab iba a matar a Elías, pero este no se atemorizó. Tenía una encomienda de parte de Dios y estaba dispuesto a cumplirla. Sabía que si Dios lo mandó, Él lo respaldaría y lo protegería aun del rey. Para Dios no hay nada imposible.

Si Dios te llama, no le pongas excusas, no le digas que no. Si tienes a Dios, no le tengas miedo a nadie ni calles cuando te dice que hables. Lleva el mensaje con confianza que, si Dios está contigo, ¿quién contra ti? Cuando el hombre tiene a Dios en su corazón, y tiene un llamado de Él para dar un mensaje, habla con autoridad lo que le ha dado Dios.

La orden de Acab

Entonces, una vez que Elías se encontró con el rey, le ordenó:

Envía, pues, ahora y congrégame a todo Israel en el monte Carmelo, y los cuatrocientos cincuenta profetas de Baal, y los cuatrocientos profetas de Asera, que comen de la mesa de Jezabel.

1 Reyes 18:19

El rey venía a darle muerte, pero Elías le dio una orden sin importarle que Acab fuera el rey. Además, fíjate que les habló a los cuatrocientos cincuenta profetas de Baal y a los cuatrocientos profetas de Asera, dioses falsos de esos días. Sin embargo, ¿quién era Jezabel? Era la mujer de

Acab, princesa sidonia, imperiosa, inescrupulosa, vengativa, resuelta y diabólica. La mujer más pervertida de quien habla la Biblia. Le edificó un templo a Baal en Samaria, mantuvo a ochocientos cincuenta sacerdotes paganos, mató a los profetas de Jehová y abolió el culto a Él.

Acab y Jezabel habían puesto a Baal y Asera en lugar de Dios. Así que Dios envió a Elías para que erradicara esta abominación.

NO PUEDES SERVIR A DOS SEÑORES

El rey Acab se movió obediente a la voz de Elías y reunió a Israel y a todos los profetas, y los llevó al monte Carmelo.

> *Y acercándose Elías a todo el pueblo, dijo: ¿Hasta cuándo claudicaréis vosotros entre dos pensamientos? Si Jehová es Dios, seguidle; y si Baal, id en pos de él. Y el pueblo no respondió palabra.*
>
> 1 Reyes 18:21

La decisión

Había que decidirse por uno de los dos. Ese es el mensaje de hoy en día para la Iglesia del Señor. Elías no le hablaba a cualquiera, le hablaba al pueblo de Israel, que era la Iglesia del Señor en el Antiguo Testamento.

Hoy es el mismo mensaje para la iglesia: ¿Hasta cuándo claudicaréis en dos pensamientos, hasta cuándo claudicaréis en dos caminos? Si el Señor es Dios, sírvele a Él de todo corazón, ríndete a Él con toda tu alma, con todo tu espíritu, con todo tu cuerpo, con todas tus fuerzas y no mires para atrás.

En cambio, si el mundo es tu dios, sírvele al mundo, pero no puedes servir a los dos al mismo tiempo. Si sirves al mundo, tu príncipe es el diablo y será tu dueño. No puedes tener dos esposos, no puedes tener dos señores, no puedes tener dos dioses; o bien sirves al mundo o sirves al Señor. Tienes que decidirte. ¿Qué te ofrece el mundo? Muerte, derrota, infierno, lago de fuego, perdición eterna, condenación. Cristo, por el contrario, te ofrece vida eterna, sangre que limpia el pecado, gozo y paz por la eternidad, el reino de los cielos. Fuera de Dios no hay nada.

EL DIOS VERDADERO

Cuando Elías le lanzó este reto al pueblo, este guardó silencio.

> *Y Elías volvió a decir al pueblo: Sólo yo he quedado profeta de Jehová; mas de los profetas de Baal hay cuatrocientos cincuenta hombres.*

1 Reyes 18:22

Los profetas de Baal

Los cuatrocientos cincuenta profetas servían a Baal, un dios falso, y Elías tenía a Jehová, el Dios verdadero. Entonces, Elías dijo:

> *Dénsenos, pues, dos bueyes, y escojan ellos uno, y córtenlo en pedazos, y pónganlo sobre leña, pero no pongan fuego debajo; y yo prepararé el otro buey, y lo pondré sobre leña, y ningún fuego pondré debajo. Invocad luego vosotros el nombre de vuestros dioses, y yo invocaré el*

nombre de Jehová; y el Dios que respondiere por medio de fuego, ése sea Dios.

1 Reyes 18:23-24

Todavía hoy en día es lo mismo, el Dios de nosotros responde con fuego. Cuando Cristo vino a la tierra dijo:

Fuego vine a echar en la tierra; ¿y qué quiero, si ya se ha encendido?

Lucas 12:49

Por lo tanto, si ahora tienes al Dios verdadero, invoca su Nombre y Él te responderá, te va a llenar de fuego a fin de que no seas un cristiano carnal ni mundano, sino alguien encendido como una antorcha de fuego que se mueve por esta tierra llevando luz a la humanidad.

No te conformes con una mediocridad espiritual. Clama a Dios y dile: «Tú eres Dios y tú eres mi Dios. Respóndeme con fuego». Entonces, vas a sentir un calor por dentro que va a quemar las cosas que no te convienen. Como resultado, la plenitud de la naturaleza de Dios se injertará en ti para que te muevas con amor, gozo, paz, paciencia, humildad, fe, victoria y fruto, de modo que te muevas como lámpara encendida aquí abajo, llevando victoria a la humanidad.

En cambio, si no conoces aún a Cristo, acércate a Él antes de que sea demasiado tarde. La Palabra del Señor dice: «Buscad a Jehová mientras puede ser hallado, llamadle en tanto que está cercano» (Isaías 55:6).

Baal no responde
La Biblia narra que Elías les dijo a los profetas de Baal:

Escogeos un buey, y preparadlo vosotros primero, pues que sois los más; e invocad el nombre de vuestros dioses, mas no pongáis fuego debajo.

1 Reyes 18:25

Y los profetas de Baal mataron su buey, lo partieron en pedazos, prepararon su altar, pusieron la leña y la carne encima de la leña, y comenzaron a invocar a Baal temprano en la mañana. Los cuatrocientos cincuenta profetas gritaban a toda voz y clamaban a su dios diciendo: «¡Baal, respóndenos!» (1 Reyes 18:26). Sin embargo, no había respuesta a su clamor. Los profetas de Baal estuvieron clamando desde la mañana hasta el mediodía sin obtener respuesta. Entonces, Elías comenzó a reírse y a burlarse de ellos diciendo:

Gritad en alta voz, porque dios es; quizá está meditando, o tiene algún trabajo, o va de camino; tal vez duerme, y hay que despertarle.

1 Reyes 18:27

Y ellos clamaban a grandes voces y herían sus cuerpos con cuchillos y lanzas, conforme a su costumbre, hasta chorrear la sangre sobre ellos. Estos profetas paganos herían sus cuerpos en sacrificio, clamando a un dios falso, para obtener su respuesta, pero perdieron el tiempo, porque Baal nunca les contestó. Sin embargo, cuando el pueblo de Dios clama al Señor, Él responde porque es el Dios vivo, el verdadero, el único y fuera de Él no hay quien salve. Dios sí contesta y llena de bendición a los que invocan su Nombre.

Si te dispones a clamar y a buscar, recibirás bendiciones de parte de Dios, y serás una bendición para el pueblo necesitado, para un pueblo que está de veras hambriento de recibir la bendición del cielo. Tú no tienes que herir tu cuerpo, no tienes que derramar· sangre, pues estas son prácticas satánicas, tal como dice la Palabra:

El sacrificio de los impíos es abominación a Jehová.

Proverbios 15:8

Dios demanda de nosotros alabanzas y un corazón limpio, humilde, sincero, lleno de verdad y justicia.

Los sacrificios de Dios son el espíritu quebrantado; al corazón contrito y humillado no despreciarás tú, oh Dios.

Salmo 51:17

La prueba del poder de Dios

La Biblia dice que ya era tarde y no había respuesta para los profetas de Baal, quienes seguían histéricos clamando. Un día entero y no había respuesta. Su Dios no respondía. Entonces, Elías toma la palabra y dice:

Acercaos a mí. Y todo el pueblo se le acercó; y él arregló el altar de Jehová que estaba arruinado.

1 Reyes 18:30

Elías tomó doce piedras, puesto que doce eran las tribus de los hijos de Israel, y con estas piedras comenzó a edificar el altar de Jehová que estaba destruido y lo restauró. Buscó leña y la puso encima del altar. Luego, mató su buey y lo partió en pedazos, colocando la carne encima de la leña. Entonces, mandó a hacer una zanja bastante grande y profunda alrededor del altar. Una vez que todo estuvo preparado, Elías le dijo a los hijos de Israel:

Llenad cuatro cántaros de agua, y derramadla sobre el holocausto y sobre la leña.

1 Reyes 18:34

Esto lo hicieron por tres veces, de manera que el agua corría alrededor del altar. También se llenó la zanja de agua. Por lo tanto, tuvo que trabajar y esforzarse para hacer lo que le ordenó Dios.

¿Cuántos de los creyentes tendrán el altar del Señor destruido? No hablamos de un altar de madera ni otro material. Nos referimos a una vida de consagración a Dios, llena de santidad y unción que agrade al Señor. Una vida que lo busca cada día más en ayuno y oración, saturado de la Palabra y haciendo siempre su voluntad. La Palabra del Señor dice:

Limpiémonos de toda contaminación de carne y de espíritu, perfeccionando la santidad en el temor de Dios.

2 Corintios 7:1

Si tu altar está caído, levántalo. Si está destruido, edifícalo. Vuelve otra vez a levantarte en clamor delante del Dios de la gloria para que vivas feliz y en paz, sabiendo que haces lo que a Dios le agrada para tu vida.

Si alguno destruyere el templo de Dios, Dios le destruirá a él; porque el templo de Dios, el cual sois vosotros, santo es.

1 Corintios 3:17

El respaldo de Dios

Elías sabía que Dios lo iba a respaldar en ese desafío a los profetas paganos; sabía en quién había creído. Tenía la seguridad y certeza que Dios no lo abandonaría, y que respondería a su clamor.

Elías quería demostrar que Jehová era poderoso para quemarlo todo, por muy mojado que estuviera. Piensa que, desde el punto de vista humano, era imposible hacer un fuego en ese holocausto mojado y rodeado de agua. Sin embargo, para Dios no hay obstáculos, ni barreras, para Él todo es posible. Elías alzó sus ojos al cielo e invocó el nombre de Jehová clamando:

Jehová Dios de Abraham, de Isaac y de Israel, sea hoy manifiesto que tú eres Dios en Israel, y que yo soy tu siervo, y que por mandato tuyo he hecho todas estas cosas. Respóndeme, Jehová, respóndeme, para que conozca este pueblo que tú, oh Jehová, eres el Dios, y que tú vuelves a ti el corazón de ellos.

1 Reyes 18:36-37

A decir verdad, Dios responde ante el clamor de sus hijos. Él siempre quiere lo mejor para nosotros y no nos deja avergonzados. Oremos siempre que se haga su perfecta voluntad y no la nuestra. La petición de Elías no era un capricho, sino una necesidad para erradicar el mal que carcomía en ese momento al pueblo de Israel.

MI DIOS RESPONDE

Elías era uno solo, no podía hacer mucho ruido. Los cuatrocientos cincuenta profetas de Baal gritaron de manera frenética el día entero. Se lastimaron sus cuerpos con cuchillos y no hubo respuesta de arriba, ni una voz, ni un ruido, nada, en un día entero clamando.

Hoy en día, muchos claman a dioses muertos que no responden, que no se conmueven ante nada. Se pasan la vida entera creyendo en algo sin vida. Cristo es la verdad y la vida. Clama a Él, pues Él sí responde a tu clamor cuando lo haces con un corazón sincero, contrito y humillado. Elías, en cambio, clamó una sola vez:

> *Respóndeme, Jehová, respóndeme, para que conozca este pueblo que tú, oh Jehová, eres el Dios, y que tú vuelves a ti el corazón de ellos. Entonces cayó fuego de Jehová, y consumió el holocausto, la leña, las piedras y el polvo, y aun lamió el agua que estaba en la zanja.*
>
> 1 Reyes 18:37-38

Quiere decir que del holocausto no quedó ni ceniza. Se quemó la leña y esta desapareció, y quemó las piedras donde estaba la leña. El fuego de Dios entró en la zanja y lamió el agua y la consumió. ¡Gloria sea a Dios!

El fuego de Dios no se apaga. Aquí abajo se apaga con agua, pero el fuego del cielo no lo puede apagar el agua ni nada. Por eso es necesario que ores, te consagres a Dios, que clames a Dios y le pidas. Y cuando Dios te llene con ese fuego espiritual, mantén ardiente la bendición de Dios.

La obra de cada uno se hará manifiesta; porque el día
la declarará, pues por el fuego será revelada; y la obra de
cada uno cuál sea, el fuego la probará.

1 Corintios 3:13

Creyentes apagados

El problema hoy en día es que la mayor parte de los creyentes están apagados. Cualquier cosa los deprime, los atribula, los pone tristes y nerviosos. Sin embargo, cuando estamos llenos del fuego de Dios, este nos deja sentir que estamos en victoria delante de Él.

¿Quieres ser un cristiano victorioso? Mantente lleno del fuego de Dios, que donde quiera que vayas, vas a alumbrar, vas a ser una antorcha encendida. Recuerda que nuestra victoria la obtenemos por medio de nuestro Señor Jesucristo. Tú no estás en el mundo para perder el tiempo, ni estás para gozarte de este mundo depravado, corrompido y vendido al diablo. Tú estás aquí abajo para alumbrar, para dar testimonio, para parártele de frente a la humanidad, aunque sea el rey y decirles:

Arrepentíos y convertíos, para que sean borrados vuestros
pecados.

Hechos 3:19

Tú estás para ser de bendición a la pobre humanidad que cada día va más en decadencia. Estás para que, lleno de fuego, te muevas alumbrando en las tinieblas de este mundo depravado. El motivo más hermoso que un ser humano puede tener es que, mediante su modo de vivir y forma de actuar, otros se sientan inspirados a glorificar a Dios: «Vosotros sois la luz del mundo» (Mateo 5:14).

Si no te mueves lleno del fuego, en cualquier momento te caes, retrocedes y vuelves a los brazos de este mundo. Caminando abrazado con Jesucristo, no hay diablo que te pueda derrotar, no hay diablo que te doblegue ni que te envuelva en las tinieblas.

Muchos se caen porque no están consagrados a Dios, y descuidan la oración, el ayuno y la lectura de la Palabra. Tienen mucho trabajo, varios quehaceres y ocupaciones, así que no tienen tiempo para el Dios de la gloria. El diablo sabe que mientras más días pases en esa forma, te pones más débil en lo espiritual y más carnal. El diablo está siempre buscando una oportunidad para destruirnos y, en el momento oportuno, te da el golpe. Entonces, si no estás firme, no podrás sostenerte y caerás:

> *Sobre todo, tomad el escudo de la fe, con que podáis apagar todos los dardos de fuego del maligno.*
>
> Efesios 6:16

Cuando le preguntas a casi toda la gente que cae, te responde: «Me descuidé en la oración. Hacía meses que no oraba como debía. ¡Había tanto trabajo!».

Conságrate a Dios

Antes que todo, conságrate a Dios, lee la Biblia, llénate de Él. Además, mantente lleno del fuego del Dios de la gloria y, después, haz lo que tengas que hacer. Así que busca primero lo de Dios para que cuando venga el diablo y te quiera hacer caer en pecado, puedas resistirlo. La Palabra de Dios dice:

> *Someteos, pues, a Dios; resistid al diablo, y huirá de vosotros.*
>
> Santiago 4:7

Cuando estamos firmes en la roca y viene el viento, la tormenta, los torrentes, lo que sea, y permanecemos en pie, no hay nada que nos derribe, por eso hay que llenarse del fuego de Dios. Luego, una vez que clamemos como Elías, Dios no nos fallará en responder, pues no vamos a clamar a los baales, sino que vamos a clamar al Dios verdadero.

El pueblo se arrepiente

Después que Dios quemó el holocausto, el pueblo se arrepintió de su mal proceder y proclamó que Jehová es Dios, el único, el verdadero. Entonces, Elías ordenó que apresaran a los cuatrocientos cincuenta profetas de Baal y a los cuatrocientos profetas de Asera para que no escapara ninguno, y los llevaran hacia el arroyo. Ahí Elías no dejó ni uno vivo, los degolló a todos. ¿Y por qué hizo eso? Porque era la ley del Antiguo Testamento. Los que se encontraran en idolatría tenían que morir para que no contaminaran al pueblo (Deuteronomio 13:1-5; 17:3-5). Eso era en la época del Antiguo Testamento. La muerte era el castigo para los idólatras.

Si tú eres un idólatra, que como esos hombres adoras un Baal, un dios muerto, un ídolo falso que «tienen boca, mas no hablan; tienen ojos, mas no ven; orejas tienen, mas no oyen» (Salmo 115:5-6), estás bajo una sentencia de muerte espiritual, pues si mueres de manera física, sales del cuerpo y pasas a condenación eterna. Por lo tanto, suelta los ídolos. Decídete por Cristo Jesús, el Hijo de Dios, apártate de la idolatría.

JESUCRISTO, NUESTRO SALVADOR

En Cristo, Dios se encarnó para dar vida a toda la humanidad (Juan 1:1). Cristo es la imagen del Dios vivo. Todo el poder del Padre estaba sobre Jesucristo. En la persona de Jesucristo, el Padre le mostró al mundo su gloria, amor, poder y justicia. Cristo fue hecho justicia de Dios por causa nuestra y en Él está la vida del hombre.

Si aceptas a Cristo en este momento, dejarás de adorar a un «Baal», pues te vas a encontrar con alguien vivo que responde, que te va a acariciar, que te va a hacer sentir su presencia, que se va a manifestar a tu vida. Cristo lo prometió y dijo:

El que tiene mis mandamientos, y los guarda, ése es el que me ama; y el que me ama, será amado por mi Padre, y yo le amaré, y me manifestaré a él.

Juan 14:21

Estoy hablando del Cristo vivo, del Cristo resucitado, del Cristo que murió en la cruz, pero que al tercer día se levantó de entre los muertos. Él dijo:

Todavía un poco, y el mundo no me verá más; pero vosotros me veréis; porque yo vivo, vosotros también viviréis.

Juan 14:19

Dios te da oportunidades

Los cuatrocientos cincuenta profetas de Baal murieron y se fueron al infierno. Los cuatrocientos profetas de Asera, adoradores de Jezabel, murieron, se fueron al infierno y se perdieron. Sin embargo, Dios te está dando la oportunidad para que abandones la idolatría, salgas de la ignorancia y vengas al Cristo que está con los brazos abiertos, frente a ti, reclamando tu alma para su reino. El Señor te llama diciendo: «Dame, hijo mío, tu corazón» (Proverbios 23:26).

Si alguno tiene sed, venga a Cristo. Venga y beba gratis del agua de la vida. Cristo tiene vida para ti, aprovéchala, que tal vez pronto sea tarde para tu alma. Ven a los pies de Cristo. Él quiere salvarte, Él quiere darte vida eterna. En Cristo, no hay condenación, ni muerte, sino que hay vida para ti por la eternidad.

IDOLATRÍA: MALDICIÓN PARA LOS PUEBLOS

Después que se acabó aquella fiesta trágica y se exterminaron a los idólatras, llovió sobre la tierra. Por lo tanto, podemos decir que descendió lluvia cuando se acabó la idolatría en Israel.

Fíjate bien en esto, la lluvia vino cuando se desarraigó el pecado, cuando se destruyeron a los provocadores del pecado. La idolatría es una de las causas de los juicios y de las maldades que hay sobre los pueblos:

Ya que cambiaron la verdad de Dios por la mentira, honrando y dando culto a las criaturas antes que al Creador.

Romanos 1:25

Hoy en día, existen pueblos que están hundidos bajo la bota de tiranos terribles, pero la idolatría es la causante de este juicio. Por eso el pueblo tiene que liberarse de ese yugo. Los pueblos se hunden por causa de la idolatría; pero se acerca el día en el que caerán el juicio y la ira de Dios. Sin embargo, ¡ay de los idólatras! La Biblia dice que no heredarán el reino de los cielos. Por eso, escapa por tu vida, apártate de tu pecado y ven a Cristo:

Y al que a mí viene, no le echo fuera.

Juan 6:37

Termina la idolatría

Una vez que se desarraigó la idolatría y se acabó con los baales en Israel, Elías le dijo a Acab:

Sube, come y bebe; porque una lluvia grande se oye.

1 Reyes 18:41

Acab obedeció a Elías, y subió, comió y bebió hasta saciarse. Elías, en cambio, no comió ni bebió, sino que subió a la cumbre del monte Carmelo, se arrodilló y oró a Dios. Luego, le dijo a su criado: «Sube ahora, y mira hacia el mar» (1 Reyes 18:43). Esto era para comprobar si veía indicios de lluvia. El criado de Elías fue y miró siete veces:

*A la séptima vez dijo: Yo veo una pequeña nube como
la palma de la mano de un hombre, que sube del mar.*

1 Reyes 18:44

Elías clamó una y otra vez a Jehová, y mandó a su siervo siete veces para ver si había alguna señal de lluvia. Cada vez que su criado regresaba sin noticias positivas, no se desanimaba. A la séptima vez, en cambio, el criado dijo lo esperado, pues se vislumbraba a lo lejos una nubecita que fue lo suficiente para que Elías se sintiera victorioso.

Insiste en la oración
Cuando oras y, al parecer, no hay contestación, insiste. Dios, que te está escuchando, te está probando para ver si es verdad que eres de los que cree, de los que esperan con confianza:

*Pedid, y se os dará; buscad, y hallaréis; llamad, y se os
abrirá.*

Mateo 7:7

Si insistes, Dios abrirá. Si sigues clamando, Dios responderá. Si sigues pidiendo, recibirás. No desistas, no te canses, no te desanimes. El Dios del cielo es fiel, pues su nombre es Fiel y Verdadero. Te va a contestar, ten confianza. Dios no ha fallado nunca en contestar.

*Pero los que esperan a Jehová tendrán nuevas fuerzas;
levantarán alas como las águilas; correrán, y no se can-
sarán; caminarán, y no se fatigarán.*

Isaías 40:31

Elías clamó una vez, dos veces, tres veces y, en la séptima vez, el siervo que estaba con él le dijo: «Veo una pequeña nube como la palma de la mano de un hombre, que sube del mar». Así que Elías le ordenó:

Ve, y di a Acab: Unce tu carro y desciende, para que la lluvia no te ataje. Y aconteció, estando en esto, que los cielos se oscurecieron con nubes y viento, y hubo una gran lluvia.

1 Reyes 18:44-45

Dios mandó de lo alto un aguacero fuerte.

Y la mano de Jehová estuvo sobre Elías, el cual ciñó sus lomos, y corrió delante de Acab hasta llegar a Jezreel.

1 Reyes 18:46

DEJA QUE EL ESPÍRITU TE DIRIJA

La Palabra nos dice que en Dios «vivimos, y nos movemos, y somos» (Hechos 17:28). Así que haz como Elías: Cíñete los lomos y déjate dirigir por Dios. No actúes por tu cuenta, sino por el poder de Dios, en su bendición e impulsado por el poder de su gloria. Ese sí que sabe mover en victoria a los que ponen su confianza en Él.

Esta es tu oportunidad de comenzar a caminar en una vida nueva. Echa a un lado los ídolos, las religiones muertas, la tradición, las cosas que para nada edifican. Acepta a Jesucristo, el Hijo de Dios. Aprovecha el momento, porque pronto será tarde para la humanidad.

Si la humanidad comprendiera la época en que vivimos, no quedaría una sola persona ahora mismo que no se hubiera convertido ya a Jesucristo. Lo que pasa es que la humanidad está tan entretenida y obsesionada en las cosas que perecen y en las cosas temporales, que no tienen tiempo para nada más.

En eso hay miles de evangélicos involucrados. Hay miles y miles de llamados ministros enfrascados más en los negocios materiales que en los ministerios. Tienen más tiempo dedicados a las cosas que producen dinero que a las cosas que producen poder de arriba para llevarle el mensaje al pueblo. Están tan entretenidos y ocupados que no tienen ni mensaje, están secos espiritualmente.

Esta época no es para dormir como los demás, sino que es época de buscar a Dios. El que tiene un ministerio busque a Dios, conságrese a Él, que cuando se pare en el púlpito, lleve Palabra de Dios y no palabra de hombre. No lleve palabra de sabiduría humana, sino Palabra del Espíritu, a fin de que el pueblo se alimente, coma, se llene, sature, crezca en la fe y viva.

Estamos en una época difícil y final. Así que párate firme, mira hacia adelante y muévete por la senda antigua, la senda de consagración a Dios, el camino de santidad, de acercamiento a Él, pues pronto viene el desenlace de la batalla final.

Cuando Elías acabó con todo el paganismo, con toda la idolatría y con la maldad que había en Israel, el pueblo se volvió otra vez a Jehová. Estamos ahora en una situación similar. El momento del desenlace ha llegado, el momento decisivo ha llegado. Cada cual mantenga su posición en el ejército del Señor. Así que párate firme como un soldado de primera fila. Asume tu posición y comienza a entrar en lo recio de la batalla. Pronto se acabará esto. Por eso, caliéntate en el Espíritu Santo, porque los que estén fríos se perderán, y a los que estén tibios los vomitarán. En cambio, los que estén calientes, llenos del fuego de Jehová, se irán con Cristo. ¡Alabado sea Dios!

FRÍO, TIBIO Y CALIENTE

En el mensaje que Jesús le da a la iglesia de Laodicea, menciona tres condiciones espirituales: frío, tibio y caliente (Apocalipsis 3:16). En el caso de Laodicea, el Señor le dice que es una iglesia tibia. Cuando hablamos de tibio, nos referimos a algo templado, entre caliente y frío. Si aplicamos este término a un individuo, lo describimos como una persona floja o poco fervorosa.

Las fuentes de Laodicea

Se dice que en las proximidades de Laodicea había dos fuentes de agua, una fría y otra caliente. Ambas eran agradables por sí solas. Sin embargo, cuando estas se mezclaban, resultaba desagradable beberla, causando vómito de inmediato.

El Señor utiliza este elemento de la naturaleza con ellos en particular, a fin de ilustrar la condición en que se encontraban. La iglesia de Laodicea estaba confundida, creyendo que estaba bien espiritualmente. Sus miembros se encontraban cegados por completo con su autosuficiencia, pues tenían prosperidad material. Por eso, el Señor les dice:

Porque tú dices: Yo soy rico, y me he enriquecido, y de ninguna cosa tengo necesidad.

Apocalipsis 3:17

No obstante, la realidad espiritual de esta iglesia era todo lo contrario. Su condición era una de extremado descuido, tranquilidad y pereza. El Señor le señala su verdadera condición al final del versículo anterior:

Y no sabes que tú eres un desventurado, miserable, pobre, ciego y desnudo.

Si llevamos este mensaje al creyente, veremos que es la persona que se convirtió a Cristo, que recibió el Espíritu Santo, pero se descuidó, miró hacia atrás. Comenzó a interesarse más en las cosas del mundo que en las de Dios, y casi se le apaga el fuego, aunque aún le queda un calorcito. Está tibiecito, como en un letargo espiritual. Todavía está en la iglesia. De vez en cuando va a los cultos, pero le interesan más los entretenimientos carnales y los programas corruptos de la televisión que servir al Señor. Sus almas están divididas en dos: en el templo son santos, pero mundanos fuera de él.

Un creyente así no puede agradar a Dios. Esto explica el deseo de Cristo de que fuesen fríos en lugar de tibios. Hay más esperanza para el frío, por cuanto no ha recibido el llamado del evangelio. El tibio, en cambio, vive en una falsa seguridad religiosa, sin un verdadero compromiso con el Señor, por lo cual no tiene seguridad de la salvación. De este, el Señor dice: «Te vomitaré de mi boca» (Apocalipsis 3:16). Con esto, se señala que una condición de tibieza espiritual provoca el mismo efecto en el Señor que el que provoca el agua tibia al beberla una persona.

El Señor los amonesta y les exhorta a cambiar su estado de conformidad espiritual, a una de búsqueda sincera de Él:

Por tanto, yo te aconsejo que de mí compres oro refinado en fuego, para que seas rico, y vestiduras blancas para vestirte, y que no se descubra la vergüenza de tu desnudez; y unge tus ojos con colirio, para que veas. Yo reprendo y castigo a todos los que amo; sé, pues, celoso, y arrepiéntete.

Apocalipsis 3:18-19

Consagrados para ministrar

Ya ni alaban a Dios, perdieron aquel espíritu de adoración. Ya no se dedican como antes al trabajo en la obra de Dios. Ya no están consagrados para ministrar la Palabra del Señor, les falta santificación. Por eso es que la Palabra del Señor nos exhorta a santificarnos por completo: espíritu, alma y cuerpo.

Hermano, vístete con la armadura de Dios otra vez, llénate del fuego de Jehová. Aunque seas evangelista, pastor o líder del concilio, gózate en el Señor. Déjate tocar por el Espíritu Santo y que Él haga como quiera en tu vida.

Adórale como le adoraba David, que era rey de Israel. No permitas que se te apague el fuego aunque te encuentres en la posición que sea. Mientras más alta sea tu posición, más fuego necesitas, pues tienes más responsabilidad de llevar el mensaje de poder y un testimonio limpio delante de Dios.

Enviados a condenación

Cuando definimos el término «frío», se refiere a algo que está falto o privado de calor. Cuando llevamos este término al aspecto espiritual, hablamos de esa persona del mundo que no ha aceptado a Cristo como su Salvador personal. Los fríos no tienen que hacer nada, ellos mismos se enviarán a la condenación si no entregan sus vidas al Señor.

Estos pueden llegar a ser calientes en el Señor o fervientes cristianos, tal como llegaron a ser algunos personajes bíblicos como Mateo y Zaqueo que eran publicanos, gente de mala fama; la samaritana y María Magdalena, de quien el Señor expulsó siete demonios. Estas personas estaban frías, no habían conocido el victorioso evangelio de Jesucristo, pero se humillaron a Él y Dios les perdonó, haciéndolas nuevas criaturas:

De modo que si alguno está en Cristo, nueva criatura es; las cosas viejas pasaron; he aquí todas son hechas nuevas.

2 Corintios 5:17

Podemos entender que cuando el Señor expresa el deseo de que la Iglesia fuese fría (Apocalipsis 3:15), se refiere al hecho de que al recibirlo un frío, por cuanto no conoce el evangelio, puede llegar a ser un cristiano fiel y ferviente. Sin embargo, el tibio vive conforme a sus convicciones, lo cual es fatal para su alma.

La profecía bíblica se cumple en forma maravillosa y todo nos anuncia que el fin se acerca y que Cristo viene ya. Afirmémonos cada día más en el Señor, pues pronto será tarde para las almas. ¿Qué harás? Haz lo que dice la Biblia en este pasaje:

Así dijo Jehová: Paraos en los caminos, y mirad, y preguntad por las sendas antiguas, cuál sea el buen camino, y andad por él, y hallaréis descanso para vuestra alma.

Jeremías 6:16

Apártate del mundo y sirve a Cristo. Escapa por tu vida que el tiempo se acaba. ¡Amén!

2
SEGUNDA PARTE

El valle de los huesos secos

La gesta del
mensaje profético

Este mensaje profético, predicado en la ciudad de Nueva York, Estados Unidos, fue el último de una campaña donde alrededor de novecientas almas vinieron a los pies del Señor. Se trata de un mensaje de los últimos días, con profecía sobrenatural para probar que Cristo está a punto de regresar a la tierra.

Además, esta visión identifica al pueblo de Israel en el exilio con un gran número de huesos secos en un valle. La imagen presentada en la visión describe el desánimo y la frustración del pueblo. Además, la visión profética muestra con gran claridad tanto la restauración nacional de Israel como su restauración espiritual.

En el aspecto nacional, Israel, como pueblo, se puso sobre sus pies el 14 de mayo de 1948 cuando la Organización de las Naciones Unidas aprobó la independencia del Estado de Israel. Ahora bien, en lo espiritual, Israel sigue aún abatido. La Palabra de Dios, con relación al Nuevo Testamento, está muerta en sus corazones. Para ellos, el Mesías no ha llegado aún:

*Profeticé, pues, como me fue mandado; y hubo un rui-
do mientras yo profetizaba, y he aquí un temblor; y los
huesos se juntaron cada hueso con su hueso.*

Ezequiel 37:7

Todo el mundo conoce y habla del pueblo de Israel,
pero no hay espíritu de vida en él. Israel está muerto espiritualmente. Es como un centro de atracción. La mirada del
mundo se centra en este pequeño país que Dios colocó en
el centro de las naciones del mundo.

A través de este libro veremos el tema de la restauración
de Israel, tanto en el aspecto físico como en el espiritual, así
como una analogía con la Iglesia de Jesucristo de nuestros
días. Dios tiene el interés y el poder para cambiar al ser humano, darle una nueva vida. Aun en situaciones conflicti-
vas puede restaurar la vida del hombre y de todo un pueblo.

*De modo que si alguno está en Cristo, nueva criatura es;
las cosas viejas pasaron; he aquí todas son hechas nuevas.*

2 Corintios 5:17

A través del Espíritu Santo, Dios se manifiesta como la
fuente de aliento y seguridad, el Refugio Eterno.

*Tú eres mi refugio; me guardarás de la angustia; con
cánticos de liberación me rodearás.*

Salmo 32:7

Se acercan días finales y decisivos para este pueblo. A
Israel le restan días muy amargos aún por vivir. Esto le

vendrá por causa del pacto con el anticristo. El profeta Isaías dice hablando del pueblo de Israel:

Pacto tenemos hecho con la muerte, e hicimos convenio con el Seol.

Isaías 28:15

Esto se refiere al pacto que hará el pueblo de Israel con el anticristo. Nosotros, en cambio, somos ministros de un Nuevo Pacto por medio de Jesucristo. Pacto sellado con la Sangre de Cristo.

Y el Dios de paz que resucitó de los muertos a nuestro Señor Jesucristo, el gran pastor de las ovejas, por la sangre del pacto eterno, os haga aptos en toda obra buena para que hagáis su voluntad, haciendo él en vosotros lo que es agradable delante de él por Jesucristo; al cual sea la gloria por los siglos de los siglos. Amén.

Hebreos 13:20-21

El cual asimismo nos hizo ministros competentes de un nuevo pacto, no de la letra, sino del espíritu; porque la letra mata, mas el espíritu vivifica.

2 Corintios 3:6

La visión

El capítulo 37 de Ezequiel comienza con una significativa visión. Cuando Ezequiel miró, el valle estaba lleno de huesos. El Señor le hizo pasar cerca de los huesos y pudo observar, en primer lugar, que eran muchos en extremo; y en segundo lugar, que estaban secos en gran manera:

> *La mano de Jehová vino sobre mí, y me llevó en el Espíritu de Jehová, y me puso en medio de un valle que estaba lleno de huesos. Y me hizo pasar cerca de ellos por todo en derredor; y he aquí que eran muchísimos sobre la faz del campo, y por cierto secos en gran manera.*
>
> Ezequiel 37:1-2

¿Qué era aquello? Sin duda, eran huesos secos y en gran cantidad. A pesar de su aspecto, no era tan importante verlos materialmente muertos, sino su condición espiritual. Era un ejército de muertos espirituales. No tenían vida, estaban lejos de Dios. La Biblia dice:

> *Porque la paga del pecado es muerte, mas la dádiva de Dios es vida eterna en Cristo Jesús Señor nuestro.*
>
> Romanos 6:23

Conocemos lo que es la muerte espiritual. Israel murió de manera espiritual cuando se contaminó con los ídolos de los pueblos paganos. Si tú estás en pecado, te encuentras como un hueso seco delante de Dios. Eres incapaz de dar fruto, pues no tienes vida.

Ahora bien, ¿quiénes eran estos huesos secos? La Biblia muestra que era la casa de Israel. El pueblo de Israel no es cualquier nación. Entiende que la condición de Israel también puede ser la tuya. Es el pueblo de Dios del Antiguo Testamento. Fue un pueblo elegido literalmente por Dios de entre las naciones.

El Señor lleva a Ezequiel a este campo de dolor, a fin de que viera esos huesos secos que simbolizaban la casa de Israel y su condición desesperante. Esta situación es análoga a la que sufrirán los creyentes si se contaminan con el mundo. Entiende que cuando el creyente se llena de vanidad y se descuida en las cosas del Señor, dejando de orar, ayunar y buscar a Dios, se pondrá seco como la casa de Israel. Recordemos que no somos «del mundo» (Juan 17:16), sino que somos «la luz del mundo» (Mateo 5:14). Estamos en el mundo para alumbrar delante de los hombres:

Así alumbre vuestra luz delante de los hombres, para que vean vuestras buenas obras, y glorifiquen a vuestro Padre que está en los cielos.

Mateo 5:16

Sobre todo, tenemos la responsabilidad de una Gran Comisión:

Y les dijo: Id por todo el mundo y predicad el evangelio a toda criatura. El que creyere y fuere bautizado, será salvo; mas el que no creyere, será condenado. Y estas señales seguirán a los que creen: En mi nombre echarán fuera demonios; hablarán nuevas lenguas; tomarán en las manos serpientes, y si bebieren cosa mortífera, no les hará daño; sobre los enfermos pondrán sus manos, y sanarán.

Marcos 16:15-18

Por eso hay evangélicos hoy en día que están más secos que la casa de Israel. Se han vuelto indiferentes, tibios y mundanos. Ya no son carne sólida. Ahora son huesos secos. Eran de Dios, pero ahora están del lado del enemigo. Entonces, si se vuelven a Dios, Él escucha al temeroso y al que hace su voluntad, y también les dará vida en abundancia. Así lo dice el Evangelio de Juan: «Yo he venido para que tengan vida, y para que la tengan en abundancia» (Juan 10:10). Afírmate cada día más en el camino de Dios:

Así dijo Jehová: Paraos en los caminos, y mirad, y preguntad por las sendas antiguas, cuál sea el buen camino, y andad por él, y hallaréis descanso para vuestra alma.

Jeremías 6:16

RESPUESTA DEL PROFETA

Luego, el Señor le pregunta al profeta Ezequiel:

Hijo de hombre, ¿vivirán estos huesos? Y dije: Señor Jehová, tú lo sabes.

Ezequiel 37:3

Ezequiel no sabía si vivirían, pero sí tenía la certeza de que Dios podía darles vida. También sabía que las personas a las que pertenecieron estos huesos podían volver a la vida con tan solo una orden de Dios. Esto debe ser para nosotros una gran enseñanza; nuestra confianza debe estar siempre puesta en el Señor. Cuando no sepamos algo, preguntémoselo a Dios. Es más, cuando no podamos hacer algo, seamos sinceros y digámosle a Dios: «Yo no puedo, pero tú puedes, hazlo conforme sea tu voluntad»; puesto que «la voluntad de Dios es [nuestra] santificación» (1 Tesalonicenses 4:3). Sin duda, creemos que Dios lo puede todo: «Porque nada hay imposible para Dios» (Lucas 1:37).

Si tenemos al Hijo, la sabiduría de Dios está disponible para todos nosotros:

> *Y si alguno de vosotros tiene falta de sabiduría, pídala a Dios, el cual da a todos abundantemente y sin reproche, y le será dada.*
>
> Santiago 1:5

Todo está disponible. Pablo dijo que cuando tenemos a Cristo estamos completos: «Y vosotros estáis completos en él, que es la cabeza de todo principado y potestad» (Colosenses 2:10).

El Señor le habla otra vez a Ezequiel y le dice:

> *Profetiza sobre estos huesos, y diles: Huesos secos, oíd palabra de Jehová.*
>
> Ezequiel 37:4

¿Qué oportunidad tenían los huesos secos de volver a la vida? Solo una: oír Palabra de Dios. Ahora bien, ¿qué palabra les predicó el profeta? Veamos:

Así ha dicho Jehová el Señor a estos huesos: He aquí, yo hago entrar espíritu en vosotros, y viviréis. Y pondré tendones sobre vosotros, y haré subir sobre vosotros carne, y os cubriré de piel, y pondré en vosotros espíritu, y viviréis; y sabréis que yo soy Jehová.

Ezequiel 37:5-6

De seguro que la Palabra de Dios es vida: «Asidos de la palabra de vida» (Filipenses 2:16). Además, Hebreos 4:12 dice: «Porque la palabra de Dios es viva y eficaz». Ezequiel les habló palabra de Jehová a aquellos huesos secos, la cual es «palabra de vida»:

Él, de su voluntad, nos hizo nacer por la palabra de verdad, para que seamos primicias de sus criaturas.

Santiago 1:18

Cuando Ezequiel habló Palabra de Dios a esos huesos, se escuchó un tumulto terrible en el campo:

Profeticé, pues, como me fue mandado; y hubo un ruido mientras yo profetizaba, y he aquí un temblor; y los huesos se juntaron cada hueso con su hueso.

Ezequiel 37:7

Cada hueso se unía uno con otro sujeto con sus tendones. De pronto, se formaron los esqueletos y apareció sobre estos nervios y carne, y se cubrieron de piel. Ya no parecían esqueletos. Ahora su aspecto era el de personas con todas sus partes recuperadas:

> *Y miré, y he aquí tendones sobre ellos, y la carne subió, y la piel cubrió por encima de ellos; pero no había en ellos espíritu.*

Ezequiel 37:8

La Biblia dice que lo único que no tenían era espíritu. La Palabra les dio cuerpo a esos huesos, pero les faltaba el espíritu. Así está el pueblo de Israel hoy. Se encuentra en pie, pero no tiene la vida del Espíritu Santo.

UNA LECCIÓN OBJETIVA

Cada predicador debe aprender esta lección. En cuanto a ti, predica, pero hazlo con la unción de Dios. Predica bajo la bendición y dirección del Espíritu Santo. La predicación de la Palabra de Dios no es asunto de cultura, sino del Espíritu de Dios. Mientras la predicas, el Espíritu se mueve como un viento y sopla sobre todo el pueblo. Es más, a medida que sale la Palabra, el Espíritu entra en imparte vida, unción y liberación.

Ministra al pueblo conforme a cada necesidad. Tú puedes predicar la Palabra por años, pero si falta la unción del Espíritu de Dios, los huesos no se cubrirán de carne, los ojos se quedarán ciegos, la boca no hablará, los pies no andarán, ni habrá Espíritu de vida en ellos.

Cuando Ezequiel vio esa multitud, dice que ya no eran esqueletos. Ahora tenían cuerpo, nervios, carne y piel. Sin embargo, no se movían, pues tenían muerte espiritual. Entonces, Dios le dijo a Ezequiel:

> *Profetiza al espíritu, profetiza, hijo de hombre, y di al espíritu: Así ha dicho Jehová el Señor: Espíritu, ven de los cuatro vientos, y sopla sobre estos muertos, y vivirán.*
>
> Ezequiel 37:9

Ezequiel obedeció sin titubear. No le preguntó a Dios el porqué:

> *Y profeticé como me había mandado, y entró espíritu en ellos, y vivieron, y estuvieron sobre sus pies; un ejército grande en extremo.*
>
> Ezequiel 37:10

Ese es el secreto: Si Dios te manda a hacer algo, hazlo sin titubear; no le preguntes a nadie. Él es el Jefe. Ezequiel llamó al Espíritu para que viniera «de los cuatro vientos» y soplara «sobre estos muertos» y vivieran. De pronto, comenzaron a levantarse, cobraron vida «y estuvieron sobre sus pies». ¡Era un ejército grandísimo! En esa visión maravillosa, Dios le muestra a Ezequiel la caída y restauración del pueblo de Israel.

ANALOGÍA CON EL PENTECOSTÉS

El Pentecostés tiene una enseñanza similar al de esta visión. En esta ocasión, un grupo de personas que ya tenían carne y nervios, están esperando recibir la llenura del Espíritu. Se sentían vacíos, sin vida, les faltaba algo para tener vida a plenitud. Todos estaban reunidos y unánimes esperando el bautismo en el Espíritu Santo. La Palabra de Dios que se les había dicho, les había dado carne y vida, pero les faltaba la vida del Espíritu. En el día de Pentecostés descendió como una tempestad.

Cuando aquel viento recio descendió sobre ellos, fueron llenos del Espíritu Santo. Entonces, Pedro se levantó y predicó la Palabra, su primer mensaje, y como tres mil personas se convirtieron a Jesucristo.

Por otra parte, cuando la multitud que Ezequiel tenía delante cobró vida y se puso de pie, era un ejército grande en extremo. Entonces, el Señor le dijo al profeta:

Hijo de hombre, todos estos huesos son la casa de Israel. He aquí, ellos dicen: Nuestros huesos se secaron, y pereció nuestra esperanza, y somos del todo destruidos.

Ezequiel 37:11

Muchos evangélicos están como Israel. La idolatría y la mundanalidad llevaron a Israel a la indiferencia con Dios. Hoy en día, multitud de evangélicos son mundanos e idólatras como lo fue Israel. No solo debido a que puedan tener ídolos, pues aunque no los tengan, si son codiciosos, también son idólatras. La Biblia dice que la codicia es idolatría. Colosenses 3:5 dice que la «avaricia [...] es idolatría». Los deseos de la carne le gobiernan (Gálatas 5:17-21).

Esto es idolatría igual que si tuvieran ídolos. Israel murió espiritualmente por codicioso, idólatra, indiferente, terco y rebelde. En otras palabras, Dios dijo: «Voy a traerles vida, voy a soplar sobre ellos y los voy a restaurar otra vez».

Y pondré mi Espíritu en vosotros, y viviréis, y os haré reposar sobre vuestra tierra; y sabréis que yo Jehová hablé, y lo hice, dice Jehová.

Ezequiel 37:14

Además, el Señor le dijo lo siguiente a Ezequiel:

He aquí, yo tomo a los hijos de Israel de entre las naciones a las cuales fueron, y los recogeré de todas partes, y los traeré a su tierra.

Ezequiel 37:21

Dicho de otro modo: Los saqué de los diferentes lugares y los haré subir a las montañas de Israel. Ya no serán dos naciones, sino que serán un solo pueblo:

Y os haré una nación en la tierra, en los montes de Israel, y un rey será a todos ellos por rey; y nunca más serán dos naciones, ni nunca más serán divididos en dos reinos.

Ezequiel 37:22

¿POR QUÉ SE DIVIDIÓ ISRAEL?

Cuando murió Salomón, Israel se dividió en dos reinos. Dejaron de ser una sola nación como antes, y ahora se componía de dos reinos: Israel y Judá. ¿Cómo se las arregló el diablo para hacerlo? La obra más trágica que hace el diablo es dividir al pueblo de Dios. El enemigo engañó a Israel y se dividió en dos reinos. Todos los cristianos, evangélicos, pentecostales, pastores, evangelistas y líderes conciliares deben entender que el llamado a la Iglesia hoy es a la unidad. Cristo lo dijo:

Para que todos sean uno; como tú, oh Padre, en mí, y yo en ti, que también ellos sean uno en nosotros; para que el mundo crea que tú me enviaste.

Juan 17:21

No quiero decir que no haya organizaciones, superintendentes y líderes, sino que no haya divisiones y contiendas, y que seamos uno en el amor de Dios. Buscándonos los unos a los otros, amándonos y perdonándonos como ordena el Dios del cielo.

Israel era poderoso, pero cuando se dividió en dos naciones, se debilitó; peleaban entre sí. Ahora, el problema no era con los filisteos, el problema era Israel contra Judá; o sea, hermano contra hermano.

Pero los que son de Cristo han crucificado la carne con sus pasiones y deseos. Si vivimos por el Espíritu, andemos también por el Espíritu. No nos hagamos vanagloriosos, irritándonos unos a otros, envidiándonos unos a otros.

Gálatas 5:24-26

Hermanos, tomemos autoridad sobre toda obra del enemigo de las almas y los frutos de la carne, vamos a amarnos unos a otros. El hermano que no puede perdonar a su hermano está perdido.

Todo aquel que aborrece a su hermano es homicida; y sabéis que ningún homicida tiene vida eterna permanente en él.

1 Juan 3:15

El siervo del Señor, ya sea pastor o evangelista, si está enojado con el hermano, se encuentra perdido. Reconcíliate, humíllate; Cristo es más grande que todos nosotros y se humilló y dio el ejemplo.

Así que, amados, puesto que tenemos tales promesas, limpiémonos de toda contaminación de carne y de espíritu, perfeccionando la santidad en el temor de Dios.

2 Corintios 7:1

Vamos a buscar al hermano y a saludarlo con amor fraternal; incluso, vamos a decirle: «Hermanito, somos carne de una sola carne, sangre de una misma sangre, amor de un solo amor, el del Padre». Por lo tanto, vamos a unirnos. No somos el Israel dividido, somos la Iglesia de Jesucristo. Tiene que estar unido entre sí el cuerpo del Hijo de Dios. Un cuerpo unido rompe el yugo del diablo dondequiera que vaya.

Pues aunque andamos en la carne, no militamos según la carne; porque las armas de nuestra milicia no son carnales, sino poderosas en Dios para la destrucción de fortalezas, derribando argumentos y toda altivez que se levanta contra el conocimiento de Dios, y llevando cautivo todo pensamiento a la obediencia a Cristo.

2 Corintios 10:3-5

¿Por qué esta victoria? Por la unidad de este grupo de hermanos. Ahora, el mismo Cristo clama diciendo:

Para que todos sean uno; como tú, oh Padre, en mí, y yo
en ti, que también ellos sean uno en nosotros; para que
el mundo crea que tú me enviaste.

Juan 17:21

Fíjate en el punto importante: «Sean uno»; es decir, enfatiza la unidad. Nosotros tenemos que clamar por esto. Cada pastor debe orar de manera encarecida por la unidad de sus ovejas. Cada concilio debe hacerlo por la unidad de sus pastores. Tenemos la responsabilidad de ser uno en Cristo. Hay que vivir la Palabra. Cada persona tiene la responsabilidad de hacerlo. Debemos santificarnos en la verdad, y la Palabra es verdad. A fin de dar un testimonio limpio delante del mundo debemos ser perfectos en unidad. Es más, debemos soportarnos los unos a los otros con paciencia y en amor:

Solícitos en guardar la unidad del Espíritu en el vínculo
de la paz.

Efesios 4:3

De regreso a Israel, Dios le dijo a Ezequiel:

He aquí, yo tomo a los hijos de Israel de entre las nacio-
nes a las cuales fueron, y los recogeré de todas partes, y
los traeré a su tierra; y los haré una nación en la tierra,
en los montes de Israel, y un rey será a todos ellos por rey;
y nunca más serán dos naciones, ni nunca más serán di-
vididos en dos reinos [...] Mi siervo David será rey sobre
ellos, y todos ellos tendrán un solo pastor; y andarán en

*mis preceptos, y mis estatutos guardarán, y los pondrán
por obra.*

Ezequiel 37:21-22, 24

Parte de esta profecía ya se cumplió. Ezequiel la dijo
hace miles de años y se cumplió. Dios sacó a los israelitas de
todas las tierras, de muchos lugares, y los trajo a las montañas de Israel. Allí están y son un solo pueblo: el Estado
de Israel.

MORADA EN ISRAEL

También Dios dijo que los iba a purificar y a establecer su
morada en medio de ellos:

*Los limpiaré; y me serán por pueblo, y yo a ellos por Dios
[...] Estará en medio de ellos mi tabernáculo, y seré a
ellos por Dios, y ellos me serán por pueblo.*

Ezequiel 37:23, 27

Ahora, fíjate bien en la promesa: Él vendrá cuando Israel
regrese y establecerá su morada en medio del pueblo. Lo más
importante de esto es que Dios establece una morada en
medio de ellos. Quiere decir que trajo a Israel y lo puso en la
tierra de Palestina, donde estaba antes. Puesto que son una
sola nación, lo que falta ahora es lo que el Señor dijo:

*Y pondré mi morada en medio de vosotros, y mi alma no
os abominará; y andaré entre vosotros, y yo seré vuestro
Dios, y vosotros seréis mi pueblo.*

Levítico 26:11-12

Hay algo muy importante que debe saber cada creyente. Es cierto que el Señor dijo que viene a establecer morada en Israel, pero el profeta Zacarías dijo:

Y vendrá Jehová mi Dios, y con él todos los santos.

Zacarías 14:5

¿Qué significa esto? Dios va a establecer morada, como le dijo a Ezequiel, pero con Él viene un pueblo santo. La Biblia dice que el Señor viene a poner su tabernáculo, su morada, en medio del pueblo de Israel que está esperando aquí. Sin embargo, no viene solo, Zacarías dice que con Él vienen todos sus santos. Así que los creyentes del evangelio, los que son lavados en la sangre de Cristo y estén llenos del Espíritu Santo vienen a vivir con Él y a establecer ese reino en el pueblo de Israel.

Esto nos muestra que antes de que Él venga a establecer su morada en Israel, tiene que llevarnos a nosotros para el cielo, tiene que unirse a nosotros allá arriba para luego bajar a reinar con Israel. Por la Palabra sabemos que Israel está como un solo pueblo y eso implica que nos vamos pronto para el cielo.

Pero muchos primeros serán postreros, y postreros, primeros.

Mateo 19:30

Entonces, ¿a qué se debe esto si ellos estaban primero? A que los primeros fueron hijos desobedientes. Fueron hijos indiferentes, rebeldes, tercos y malagradecidos. Por eso, siendo primeros, serán postreros.

Asimismo le pasará a la Iglesia de Jesucristo. Algunos que llevan años de convertidos se han descuidado, y cuando suene la trompeta no se van con Cristo. Cuando suene la trompeta, otros que fueron hasta siervos de Dios por mucho tiempo no se van, pues son como Israel, indiferentes, están cansados, no luchan, no buscan. Esto es una batalla constante donde no se permite el cansancio. Nuestra fortaleza viene de Jehová. A los ochenta y cinco años, Caleb estaba como si tuviera cuarenta:

Ahora bien, Jehová me ha hecho vivir, como él dijo, estos cuarenta y cinco años, desde el tiempo que Jehová habló estas palabras a Moisés, cuando Israel andaba por el desierto; y ahora, he aquí, hoy soy de edad de ochenta y cinco años. Todavía estoy tan fuerte como el día que Moisés me envió; cual era mi fuerza entonces, tal es ahora mi fuerza para la guerra, y para salir y para entrar.

Josué 14:10-11

Moisés, a los ciento veinte años, sus ojos aún no estaban opacados. Se fue al monte y allí durmió en los brazos de Dios.

Era Moisés de edad de ciento veinte años cuando murió; sus ojos nunca se oscurecieron, ni perdió su vigor.

Deuteronomio 34:7

Eran hombres que vivían para Dios. Tenemos el llamado a llevar la Palabra a todos los lugares. Tenemos el llamado desesperado, pero lo triste es que muchos están entusiasmados con los estudios, trabajos, deportes y otras actividades sociales que no pueden aceptar dicho llamado. La Palabra nos advierte:

No te afanes por hacerte rico; sé prudente, y desiste.

Proverbios 23:4

Sobre esto, Jesús nos dejó este mensaje:

No os afanéis por vuestra vida, qué habéis de comer o qué habéis de beber; ni por vuestro cuerpo, qué habéis de vestir [...] No os afanéis, pues, diciendo: ¿Qué comeremos, o qué beberemos, o qué vestiremos? Porque los gentiles buscan todas estas cosas; pero vuestro Padre celestial sabe que tenéis necesidad de todas estas cosas. Mas buscad primeramente el reino de Dios y su justicia, y todas estas cosas os serán añadidas. Así que, no os afanéis por el día de mañana, porque el día de mañana traerá su afán. Basta a cada día su propio mal.

Mateo 6:25, 31-34

Despierta, tú, que estás muerto espiritualmente, semejante a los huesos en la llanura donde estuvo el pueblo de Israel. Así que como muchos están indiferentes, llenos de mundanalidad y medio muertos, pasarán por la Gran Tribulación. En cambio, muchos postreros que vienen a las campañas y se llenan del Espíritu Santo, serán primeros en la gloriosa partida hacia el cielo. Se repetirá la historia de Israel, que fue primero, pero será último.

Algunos evangélicos que fueron primeros serán postreros también, porque tienen el mismo espíritu que Israel, un espíritu terco. El verdadero israelita y el verdadero creyente tienen un espíritu de obediencia, mansedumbre, y hambre y sed de Dios. Se mueven en el espíritu por el poder de Dios.

Despierta para que seas primero. Por lo tanto, mírate en el espejo de Israel. Avanza, que se te hace tarde. Jesús te llama con urgencia para que los que una vez le sirvieron no se queden. Así que llénate del Espíritu Santo, pues hay que estar en el primer amor. Pronto Jesús descenderá a establecer su morada con Israel, y los llenos del Espíritu vendrán con Él. Quiere decir que antes de descender tiene que decirte desde arriba: «SUBE ACÁ, PUEBLO MÍO». Los que estén llenos del Espíritu oirán ese clamor y se elevarán. Los que estén sordos espiritualmente y vacíos de Dios, no se irán.

Vuelve otra vez a ayunar, a leer la Biblia, a gemir e interceder en llanto. ¡Vuelve a las primeras obras! Acuérdate de que Dios les da vida a los huesos secos y sopla Espíritu de vida. Tus huesos secos volverán a recibir nervios, carne, piel y tendrás vida de nuevo. No serás de los postreros, sino de los primeros que volarán hacia arriba, como primicias del pueblo de Dios que se va con Él.

Estos serán los frutos maduros que pronto verán el reino de los cielos, y bajarán después a morar con Jesucristo aquí en la tierra. Él llama desesperado, apurado, porque el tiempo está terminando:

Pero del día y la hora nadie sabe, ni aun los ángeles de los cielos, sino sólo mi Padre.

Mateo 24:36

También el libro de Ezequiel nos dice:

El sonido de la trompeta oyó, y no se apercibió; su sangre será sobre él; mas el que se apercibiere librará su vida.

Ezequiel 33:5

EN CONCLUSIÓN

La condición y la experiencia del pueblo de Israel también puede ser la tuya. Dios nos llamó y redimió por medio de su sacrificio en la cruz; nos hizo nuevas criaturas y espera de nosotros fidelidad hasta el fin:

Y seréis aborrecidos de todos por causa de mi nombre; mas el que persevere hasta el fin, éste será salvo.

Marcos 13:13

En otro aspecto, el hombre que vive alejado de Dios, o conforme a su religión, lo hace sin esperanza, fe y sin la salvación del alma. De seguro que su condición es similar a la del pueblo de Israel, presentada por Dios a Ezequiel en el valle de los huesos secos. Sin embargo, Dios envió a su Hijo para darle vida a los muertos. Jesús dijo:

Yo soy la resurrección y la vida; el que cree en mí, aunque esté muerto, vivirá.

Juan 11:25

Esta visión identifica al pueblo de Israel con su desánimo, frustración, y su condición espiritual y física. Ahora, la experiencia de Israel también puede ser la nuestra. No nos descuidemos, pues el tiempo es final y decisivo.

He aquí, yo estoy a la puerta y llamo; si alguno oye mi voz y abre la puerta, entraré a él, y cenaré con él, y él conmigo.

Apocalipsis 3:20

Pronto sonará la trompeta, «y los muertos en Cristo resucitarán primero. Luego nosotros los que vivimos, los que hayamos quedado, seremos arrebatados juntamente con ellos en las nubes para recibir al Señor» (1 Tesalonicenses 4:16-17). No imitemos al pueblo de Israel, sino oremos por él a fin de que una gran multitud pueda venir al conocimiento de la Verdad antes del Rapto de la Iglesia. Levantemos nuestras cabezas, afrontemos con fe la gran verdad de que Cristo viene pronto. La Palabra dice:

Erguíos y levantad vuestra cabeza, porque vuestra redención está cerca.

Lucas 21:28

3

TERCERA PARTE

El anticristo

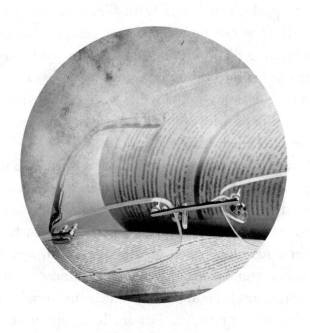

El final se acerca

*L*a profecía bíblica es la infalible e inspirada Palabra de Dios que permanece para siempre. Las noticias que publican a diario los diferentes medios noticiosos, van a la par con la profecía bíblica. Cada una de las noticias que leemos y escuchamos todos los días es suficiente evidencia de que la Palabra de Dios es infalible, y de que sus profecías se cumplen al pie de la letra.

El mundo está envuelto en un caos terrible. Son muy pocas las noticias buenas o agradables a nuestros oídos, ya que el escenario mundial y nacional está saturado de problemas. El hombre se esfuerza por sí solo en buscar la solución a sus dificultades, pero estas cada día son peores. Uno de esos grandes esfuerzos que ha planificado el hombre es lograr una unidad mundial bajo una ley universal. Grandes hombres, como el científico Edward Teller, el extinto primer ministro de Inglaterra Winston Churchill y el exsecretario de las Naciones Unidas U Thant, se unieron en un mismo pensamiento ante un nutrido grupo de dirigentes, estadistas y científicos de gran parte del mundo para pedir la creación de un gobierno mundial capaz de hacer cumplir una ley universal.

Muchos siglos antes de que el hombre se reuniera a exponer tal solución ante la crisis mundial, ya en la Biblia, Dios profetizó, por medio de sus siervos, el levantamiento de un líder que regirá el mundo. Según la Palabra, este será un líder que en un principio logrará, con astucia y engaño, un estado de paz y seguridad, pero que después se mostrará como el gran traidor que llevará a las naciones a una conflagración mundial. El tiempo de la aparición de este hombre está muy cerca. El escenario está preparado, y este hombre, conocido como el anticristo, será un líder aclamado por el mundo y recibido como el hombre que esperaban para resolver la situación de caos en que se encuentra el sistema mundial actual.

¿Dónde nos habla la Biblia de este hombre, y qué nos dice de su carácter y manifestación? ¿Cómo sabemos que este hombre está a punto de manifestarse? ¿Hay alguna forma de escapar de sus maquinaciones? A través de este libro, cobrarás mayor conciencia de la hora trágica que se avecina sobre este mundo y el escape provisto por Dios.

EL LLAMADO

Cuando Dios me llamó a predicar su Palabra, me mostró en forma clara y categórica el mensaje que yo debía enfatizar. Este llamado era para predicar de manera profunda la profecía bíblica.

Hace veintiocho años que el Señor me hizo este llamado, y el énfasis de mis mensajes siempre ha sido sobre el fin de los tiempos y el Rapto de la Iglesia. Sin embargo, ahora más que nunca siento la urgencia de predicar a voz en cuello que ¡CRISTO VIENE YA!

En Jeremías 4:7 dice:

El león sube de la espesura, y el destruidor de naciones está en marcha, y ha salido de su lugar para poner tu tierra en desolación; tus ciudades quedarán asoladas y sin morador.

No es tiempo de perezas; es tiempo de hacer nuestras las palabras de Jeremías 6:26, cuando dice:

Hija de mi pueblo, cíñete de cilicio, y revuélcate en ceniza; ponte luto como por hijo único, llanto de amarguras; porque pronto vendrá sobre nosotros el destruidor.

Cada vez que tengo la oportunidad de leer en un periódico algún evento de trascendencia mundial relacionado con la política o la economía, puedo ver y entender cuán cierta es la Palabra de Dios y cuán cerca están por cumplirse las profecías del fin de los tiempos. Sin duda, *el hombre de iniquidad pronto entrará en escena.* Tomará las riendas de este mundo como ningún líder político lo ha podido hacer, y lo controlará todo.

Las cosas que antes nos parecían tan lejanas y casi imposibles, hoy las vemos planificadas y en proceso de manifestarse. Por ejemplo, hace poco vimos en los periódicos los siguientes titulares: «La economía espera un líder mundial» y «Moneda común para toda Europa».

Los medios de comunicación están preparados para recibir y darle la propaganda necesaria a este líder de las tinieblas, que no es otro que el anticristo. La Biblia dice:

El avisado ve el mal y se esconde; mas los simples pasan y reciben el daño.

Proverbios 22:3

El propósito de este libro es avisar acerca de este mal que en breve sobrevendrá sobre esta tierra, a fin de que el pueblo entendido, siendo avisado, pueda esconderse en los poderosos brazos de nuestro Señor Jesucristo: «Mi refugio eres tú en el día malo» (Jeremías 17:17).

Sin embargo, antes de que llegue ese día malo, la Iglesia de Jesucristo estará protegida en Él, pues ya no estará en la tierra. ¡Gloria a Dios! ¡La novia del Cordero no le verá la cara al anticristo!

Profecía de Daniel

*P*ara el año 605 a. C., el rey Nabucodonosor llegó a Jerusalén, la sitió, capturó a Joacim, rey de Judá, y ordenó que de entre los israelitas de familia real trajeran jóvenes para servir en el palacio en Babilonia. Después de tres años de enseñanzas, estos jóvenes estarían listos para estar delante del rey.

DANIEL ANTE UN RETO

Así comienza el primer capítulo del libro de Daniel, narrando la primera deportación de los judíos a Babilonia. En este primer grupo se encontraba Daniel que, con características como estas, le hacían idóneo para estar en el palacio real:

> *Y dijo el rey a Aspenaz, jefe de sus eunucos, que trajese de los hijos de Israel, del linaje real de los príncipes, muchachos en quienes no hubiese tacha alguna, de buen parecer, enseñados en toda sabiduría, sabios en ciencia y de buen entendimiento, e idóneos para estar en el palacio del rey; y que les enseñase las letras y la lengua de los caldeos.*
>
> Daniel 1:3-4

Junto a otros jóvenes, a Daniel lo escogieron para recibir una preparación especial según los deseos del rey Nabucodonosor. Esta preparación consistía en recibir enseñanza de las letras y lengua de los caldeos. Además, tendría una alimentación especial:

Y les señaló el rey ración para cada día, de la provisión de la comida del rey, y del vino que él bebía.

Daniel 1:5

Toda esta atención y cuidados estaban bajo la responsabilidad del jefe de los eunucos, quien prepararía a los jóvenes durante tres años. Al cabo de este tiempo, se presentarían delante del rey.

Puesto que Daniel era un joven que conocía a Jehová, el Dios de Israel, encontrarse sometido al aprendizaje de una cultura pagana como la de Babilonia implicaba estar rodeado de tentaciones y hacerle frente a un reto: Permanecer fiel a Dios, o dejarse arrastrar por la corriente idólatra y pagana de esta cultura.

A manera de detalle histórico, sabemos que los babilonios eran politeístas; es decir, su religión les permitía creer en muchos dioses hasta el extremo de que los nombres de sus dioses alcanzaban unos dos mil quinientos. Estos se representaban con imágenes de formas humanas en las que, según ellos, vivía el dios representado. Una evidencia clara de esto la encontramos en Daniel 3:8-14, cuando a Sadrac, Mesac y Abed-nego, amigos de Daniel y a quienes también llevaron cautivos a Babilonia, los acusaron de forma maliciosa delante del rey, pues no adoraban la

estatua de oro que este construyó ni honraban a su dios.
La Palabra dice:

Habló Nabucodonosor y les dijo: ¿Es verdad, Sadrac,
Mesac y Abed-nego, que vosotros no honráis a mi dios,
ni adoráis la estatua de oro que he levantado?

Daniel 3:14

Daniel se encontró ante una situación muy difícil, ya
que su cultura y su educación chocaban con las nuevas
enseñanzas y la nueva cultura, por ser paganas. Además,
hasta se le cambió su nombre. Su nombre original, Daniel,
le daba reconocimiento a Dios, ya que significa «Dios es mi
juez». En cambio, su nuevo nombre, Beltsasar, honraba a un
dios pagano y significaba «el príncipe de Bel». Bel era el dios
supremo de Babilonia. Era el dios del sol. Ante esta grave
situación, Daniel tomó una firme decisión: no se dejaría
contaminar.

Y Daniel propuso en su corazón no contaminarse con
la porción de la comida del rey, ni con el vino que él
bebía.

Daniel 1:8

Daniel no pudo impedir que le llevaran a Babilonia, que
le cambiaran su nombre por uno pagano, que le sirvieran
de la comida y la bebida del rey, pero nadie podía obligarle
a aceptar todo esto, y no lo aceptó. Daniel no cambió sus
creencias y su seguridad en Dios por el mundo. No negó a
Dios, y Él le honró:

Pidió, por tanto, al jefe de los eunucos que no se le obligase a contaminarse. Y puso Dios a Daniel en gracia y en buena voluntad con el jefe de los eunucos.

Daniel 1:8-9

Así, su alimentación especial, consistente de legumbres, hizo que se desarrollara saludable y fuerte entre el resto de los jóvenes, y Dios lo honró por su fidelidad a Él.

Esta actitud de Daniel es un mensaje al pueblo de Dios. No podemos ser fieles a Dios siendo amigos del mundo.

¿No sabéis que la amistad del mundo es enemistad contra Dios? Cualquiera, pues, que quiera ser amigo del mundo, se constituye enemigo de Dios.

Santiago 4:4

Un creyente no puede comprometer su ética cristiana ni servir a dos señores a la vez.

Ningún siervo puede servir a dos señores; porque o aborrecerá al uno y amará al otro, o estimará al uno y menospreciará al otro. No podéis servir a Dios y a las riquezas.

Lucas 16:13

Daniel tomó la firme determinación de no contaminarse. Dios lo bendijo y lo prosperó en medio de un ambiente pagano. Dios tenía un propósito muy especial al permitir que Daniel llegara al palacio del rey Nabucodonosor y pasara por todas estas situaciones. Dios es «un Dios de propósitos y de orden». Daniel llegó a ser el hombre de confianza del rey, y este le hizo gobernador de toda la provincia de Babilonia y jefe supremo de todos los sabios. Fue el consejero del rey en todo asunto de sabiduría e inteligencia. El rey le consultaba, y estuvo así delante de él.

A Daniel se le considera uno de los profetas mayores, y también el profeta apocalíptico. Entre su libro y el libro de Revelaciones, es decir, el Apocalipsis, existe una gran similitud. Dios le reveló grandes profecías; unas ya cumplidas, y otras por cumplirse en los postreros días. Podemos decir que la profecía es la historia escrita antes que el suceso tenga lugar o cumplimiento.

En este libro predomina el tema de la política de las naciones gentiles y su relación con el pueblo israelita. La profecía de Daniel nos deja ver todo el panorama del último imperio gentil y el desenlace del pueblo de Israel. Uno de estos grandes eventos proféticos lo encontramos en el capítulo 7 de Daniel.

VISIÓN DE LAS CUATRO BESTIAS

En el capítulo 7, Dios le muestra a Daniel en visión lo que habría de acontecer en el futuro en el aspecto político. Sin embargo, esta visión es también una continuación, o más bien una similitud, de la profecía del capítulo 2. Son dos aspectos de la misma profecía, donde aparecerían cuatro imperios mundiales, seguidos por el último imperio gentil (el del anticristo), y luego el reino milenial de Cristo en la tierra. Este último, representado por la piedra que destruye la estatua en la visión del capítulo 2.

En el momento que Dios se le revela a Daniel, ya habían surgido dos grandes imperios: Egipto y Asiria. En el capítulo 7, Dios le revela a Daniel el surgimiento de cuatro grandes imperios, más el surgimiento del último imperio gentil: el del anticristo. Más adelante, damos detalles sobre estos imperios. Primero, analicemos la visión:

Miraba yo en mi visión de noche, y he aquí que los cuatro vientos del cielo combatían en el gran mar. Y cuatro bestias grandes, diferentes la una de la otra, subían del mar. La primera era como león, y tenía alas de águila. Yo estaba mirando hasta que sus alas fueron arrancadas, y fue levantada del suelo y se puso enhiesta sobre los pies a manera de hombre, y le fue dado corazón de hombre. Y he aquí otra segunda bestia, semejante a un oso, la cual se alzaba de un costado más que del otro, y tenía en su boca tres costillas entre los dientes; y le fue dicho así: Levántate, devora mucha carne. Después de esto miré, y he aquí otra, semejante a un leopardo, con cuatro alas de ave en sus espaldas; tenía también esta bestia cuatro cabezas; y le fue dado dominio. Después de esto miraba yo en las visiones de la noche, y he aquí la cuarta bestia, espantosa y terrible y en gran manera fuerte, la cual tenía unos dientes grandes de hierro; devoraba y desmenuzaba, y las sobras hollaba con sus pies, y era muy diferente de todas las bestias que vi antes de ella, y tenía diez cuernos. Mientras yo contemplaba los cuernos, he aquí que otro cuerno pequeño salía entre ellos, y delante de él fueron arrancados tres cuernos de los primeros; y he aquí que este cuerno tenía ojos como de hombre, y una boca que hablaba grandes cosas.

Daniel 7:2-8

INTERPRETACIÓN DE LA VISIÓN

Da la impresión de que estas cuatro bestias que «subían del mar» lo hacían de manera sucesiva, una detrás de la otra, ya que Daniel las enumera: la primera como león, la segunda semejante a un oso, otra semejante a un leopardo, y la cuarta era espantosa y terrible. Según muchos intérpretes, la palabra «mar», en las expresiones «gran mar» y «subían del mar», se identifica con las masas humanas o pueblos. En Apocalipsis, se explica lo siguiente:

Las aguas que has visto donde la ramera se sienta, son pueblos, muchedumbres, naciones y lenguas.

Apocalipsis 17:15

Cada bestia es muy diferente la una de la otra, tanto en constitución como en apariencia. Mientras que en el sueño de Nabucodonosor, del capítulo 2 de Daniel, los reinos se revelan desde el punto de vista humano, enfatizando el poderío de cada reino. En el capítulo 7, en cambio, se nos presentan los mismos reinos en un marco de bestias grandes y terribles, señalando así el carácter dominante de estas naciones. Son dos cuadros semejantes en marcos distintos. Dos revelaciones diferentes, pero de los mismos remos.

- *La primera bestia* en la visión de Daniel, un león con alas de águila, era el imperio de Babilonia, la poderosa

Babilonia reina de las naciones. Nabucodonosor la convirtió en un Imperio mundial. Y en los días de la vida de Daniel este imperio estaba en pie.

- *La segunda bestia*, el oso con tres costillas en su boca, con un lado más alto que el otro, al que se le ordenó que se levantara y devorara mucha carne, representa el Imperio medo persa, sucesor de Babilonia en el gobierno mundial. Sus victorias no se ganaban con valentía y estrategia, sino con la fuerza de grandes masas de soldados.

- *La tercera bestia*, un leopardo con cuatro alas de ave en sus espaldas, era Grecia. Es conocido el hecho histórico de que los ejércitos bien disciplinados de Alejandro el Grande vencieron al mundo. Tuvo un solo emperador, y a su muerte, su imperio se dividió en cuatro partes.

- *La cuarta bestia* no se compara con ningún animal en específico. No había bestia para compararla. Se trataba de un monstruo, una bestia feroz como ninguna otra. La Biblia la describe como una bestia espantosa y terrible, en gran manera fuerte, y muy diferente a todas las otras. Esta representa el antiguo Imperio romano.

El interés particular de Daniel en este capítulo descansa sobre la cuarta bestia y los diez cuernos. Es decir, el renacimiento del Imperio romano; la fase final del último poder y gobierno gentil mundial que se levantará, dominará, controlará y someterá a toda la tierra bajo su control. Será el único momento dentro de la historia en que habrá de veras un imperio mundial, el del anticristo. Él será el gobernante absoluto. Muchos intentaron dominar el mundo: Napoleón, Hitler, y otros, pero fracasaron. Todo fue en vano. Daniel nos dice:

Se me turbó el espíritu a mí, Daniel, en medio de mi cuerpo, y las visiones de mi cabeza me asombraron.

Daniel 7:15

Daniel sentía una curiosidad muy grande por esa bestia con diez cuernos sobre la cabeza, y que tenía un cuerno más pequeño que iba creciendo en medio de los diez. Se turbó ante lo que veía y, al preguntarle a Dios la verdad de todo esto, Él le dio a conocer la interpretación de las cosas:

Estas cuatro grandes bestias son cuatro reyes que se levantarán en la tierra.

Daniel 7:17

Esta profecía ya tuvo su cumplimiento. En la antigüedad existieron cuatro grandes imperios. Sin embargo, los diez cuernos que tiene la cuarta bestia se refieren a diez reyes que se levantarán para el último tiempo, y que saldrán de este sexto Imperio mundial; es decir, del Imperio romano. Los detalles de este imperio los analizamos en el próximo capítulo.

Para los últimos días saldrá un séptimo Imperio. Será como si el antiguo Imperio romano reviviera y surgiera de nuevo, pero formado por diez reinos y un rey terrible que dominará a los diez, estableciendo ese séptimo Imperio mundial que viene. El cuerno pequeño es ese rey terrible y poderoso que se levantará en medio de ellos y los dominará, formando su imperio; el último Imperio mundial gentil. Esa profecía es para este tiempo que estamos viviendo, tiempos finales del regreso de Jesucristo.

El antiguo
Imperio romano

*E*l Imperio romano fue producto de un largo proceso histórico. Cuando Jesús nació en Belén, y durante los inicios de su ministerio bajo el reinado de Tiberio César, Poncio Pilato era gobernador de Judea y Herodes tetrarca de Galilea, este imperio dominaba el mundo de esa época. También fue el imperio que estaba en pie bajo el gobierno de Vespasiano cuando su hijo, el general Tito, invadió a Jerusalén con su ejército en el año 70 d. C. y la destruyó, ocasionando la dispersión de los judíos.

Bajo el dominio de este Imperio romano, los cristianos fueron perseguidos durante cientos de años. La primera persecución fue bajo el gobierno de Nerón. La segunda persecución fue bajo Domiciano, la cual ocasionó el destierro de Juan a la isla de Patmos. Y como detalle interesante, este será el mismo imperio que estará dominando para la segunda venida de Cristo.

El Imperio romano fue el más grande y mejor organizado que existiera jamás en la antigüedad. Durante más de cuatrocientos años pudo mantener unidos, bajo un solo gobierno, a todos los pueblos del mundo mediterráneo y otros grandes territorios.

Según la historia, a este imperio lo poblaban más de ochenta millones de habitantes, y sus tierras eran inmensamente vastas. Tuvo su origen en la península italiana, dominó a Europa Central y Occidental, y su poderío se extendió por todo el litoral del Mediterráneo. Roma tuvo su época de gran expansión. Algunos de los territorios que comprendieron este imperio son en la actualidad Inglaterra, Bélgica, Holanda, Francia, España, Portugal, Italia, Suiza, parte de Alemania, Yugoslavia, Grecia, Bulgaria, Rumanía y Turquía.

Este imperio estaba tan bien organizado que logró unir y fusionar pueblos de diversos orígenes e idiomas bajo su único genio conquistador. Roma se sentía orgullosa de sus conquistas y de su poder. Por cierto, si consideramos el panorama europeo a través del lente de este Imperio, podemos ver que este fue, y aún será, el escenario de grandes acontecimientos bíblico-proféticos.

Por este imperio pasaron los personajes más diversos como emperadores, hombres de distintos valores y virtudes. Unos, como Augusto y Vespasiano, fueron hombres hábiles y prudentes como gobernadores. Otros, como Calígula y Nerón, fueron crueles e inhumanos. No obstante, el orgulloso Imperio romano tuvo que sufrir los estragos de la traición de su misma gente. En el aspecto político sufrió grandes crisis ocasionadas por la rivalidad y la envidia de quienes anhelaban el poder imperial.

La caída de Roma comenzó desde adentro. Las luchas internas y los diversos conflictos debilitaron sus fuerzas y defensas haciéndola presa fácil de los enemigos. A lo largo de los años, Roma luchó por mantenerse en pie, pero el inconmovible Imperio romano tuvo su final. Hace mucho tiempo dejó de existir como Imperio visible. Sin embargo, la realidad es que este gigante solo ha estado dormido.

Este Imperio volverá a brillar. Esta vez subyugará a todas las naciones del mundo bajo un solo gobierno. A medida que surgen los eventos a nivel mundial, las profecías se vuelven más emocionantes, comprensibles e interesantes. Además, podemos verlas con más claridad cuando las comparamos con los eventos. Podemos entender y ver en forma más precisa que cuando Dios habla, su Palabra se cumple sin lugar a dudas. Todo esto nos lleva a sentir que algo grande se aproxima sobre nosotros.

Porque yo Jehová hablaré, y se cumplirá la palabra que yo hable; no se tardará más.

Ezequiel 12:25

Estamos viendo entre las naciones, movimientos significativos a nivel mundial, que nos indican que algo grande va a ocurrir. Todas las señales de la venida de Cristo se han cumplido. Esto significa que el Señor está a punto de volver. Si es verdad que Cristo está a punto de volver, algo tiene que estar ocurriendo en la Europa Occidental, panorama del cumplimiento final de la visión de Daniel, que haga cumplir la profecía.

La existencia de este Imperio puede considerarse como el eje central de la historia europea. Conociendo su posición, es posible rastrear el origen y desarrollo de los distintos estados europeos, incluso de los países del mundo. En efecto, el «viejo Imperio» está cobrando fuerzas de nuevo, pero no bajo el nombre de «Imperio», sino bajo el nombre de Comunidad Económica Europea (Daniel 7:23-24).

Recuerda que otro evento importante que ocurrirá antes de que el Señor venga a establecer su reino será la aparición de un «hombre»: El anticristo. Entonces, podemos concluir que si en Europa, que era el viejo Imperio romano, no está sucediendo nada similar a lo que profetizó Daniel, hemos mentido en cuanto a que Cristo viene. Sin embargo, no nos precipitemos, pues a través de este libro vamos a ver cuán matemáticamente precisa es la Palabra de Dios.

ESTADOS UNIDOS DE EUROPA

Cuando el viejo Imperio romano comenzó a desmoronarse, muchos intentaron levantarlo de nuevo. Hombres como Carlomagno y Napoleón trataron de restaurarlo, pero todo fue en vano. Adolfo Hitler se jactó de que él consolidaría a toda Europa en un reino, pero lo aplastaron también. Ninguno tuvo éxito en su intento. Dios, en cambio, lo tiene todo planificado. A través de la profecía bíblica, el Señor reveló que el Imperio romano caería, pero que también habría un resurgimiento de este coloso. Dios estaba, y está, en el asunto, y su Palabra es clara y precisa.

Como mencionamos antes, la visión del capítulo 7 del libro de Daniel y la profecía del capítulo 2 son un mismo mensaje. En ambos, el número diez está presente. En la estatua que levantó Nabucodonosor lo vemos en los diez dedos de sus pies (Daniel 2:41-42) y en la bestia que sale del mar lo vemos en los diez cuernos (Daniel 7:7). ¿Qué significado puede tener el número diez y cómo se relaciona con nuestros días? En la interpretación del sueño de Nabucodonosor, se le reveló a Daniel lo siguiente:

Y lo que viste de los pies y los dedos, en parte de barro cocido de alfarero y en parte de hierro, será un reino dividido.

Daniel 2:41

Si seguimos la misma línea de interpretación, al igual que el resto de los materiales y partes del cuerpo de la estatua representan reinos, así también los diez dedos son diez reinos que se levantarán. Por ser «dedos de los pies» significa que se levantarán al final de los tiempos. Los dedos son en parte de hierro y en parte de barro cocido, significando que este Imperio tendrá la fuerza del hierro, pero el barro señala su punto débil.

Históricamente, a Roma se le ha señalado como la «máquina de hierro» debido al notable uso que le daban al mismo. Entendamos que Roma no tuvo sucesor como los demás imperios. Cuando cayó el Imperio romano, no le siguió otro imperio poderoso en esa región. Hasta el momento, el único legado que tenemos de este viejo Imperio es solo un poder religioso. Aun así, Roma revivirá y se levantará de nuevo con un gran poderío político y económico.

En la visión de la cuarta bestia del capítulo 7, a Daniel se le dijo que «los diez cuernos significan diez reyes». Esta bestia representa al Imperio romano, y de este imperio se levantarán diez reinos para los últimos días. Cabe pues preguntar: ¿Cómo puede ocurrir esto si después de esta sucesión de imperios y monarcas en este territorio europeo las cosas que ocurrieron fueron desastrosas?

Cuando la Segunda Guerra Mundial terminó en el año 1945, el «Imperio» de Adolfo Hitler, en la Europa Occidental, quedó devastado con sus ciudades en ruinas. Sus líderes habían muerto o comparecían ante la justicia. Aún en nuestros días, se han efectuado juicios contra algunos de ellos por sus horrendos crímenes contra los judíos.

Los periódicos se han encargado de darnos a conocer lo referente a Klaus Barbie y Rudolf Hess. Barbie, conocido bajo el sobrenombre de «El carnicero de Lyon», compareció ante los tribunales, acusado y condenado por crímenes contra la humanidad, debido al papel que desempeñó en la tortura, asesinato o deportación de judíos y luchadores de la resistencia a los campos de concentración nazis. El exjefe de la Gestapo (policía secreta alemana) en Lyon, Francia, fue sentenciado a cadena perpetua. Rudolf Hess, exlugarteniente de Hitler, es decir, el segundo en mando después de Hitler, terminó sus días como el último preso de la cárcel militar aliada de Spandau, a los noventa y tres años. De acuerdo con la información obtenida en nuestros rotativos, Hess se suicidó estrangulándose con un cable eléctrico. (Aún existe un misterio con relación a la verdadera identidad de este hombre. Se cree que quien murió fue un impostor y no el verdadero Rudolf Hess).

Ante esta situación, nadie se hubiera atrevido a creer que algún día el Imperio romano, en la Europa Occidental, volvería a revivir. Lo menos que se podía pensar es que se levantara algo, como lo que vio Daniel, y que llegara a ser un Imperio terrible y poderoso. Ahora bien, ¿qué evento puede estar ocurriendo en la Europa Occidental que nos indica que, en efecto, el viejo Imperio romano está despertando y cobrando fuerzas?

El fenómeno más interesante de la Europa Occidental de la posguerra es el nacimiento del Mercado Común Europeo. Este nació en 1957 bajo la firma de un tratado en Roma. El «Tratado de Roma», como oficialmente se le conoce, recogió las firmas de los gobiernos de Francia, Alemania, Bélgica, Holanda, Luxemburgo e Italia, dando lugar así a la fundación de la Comunidad Económica Europea. El origen de esta unidad europea tiene su comienzo después de la Segunda Guerra Mundial, como consecuencia del caos económico y político que quedó al terminar la guerra y la presión ejercida por otros países mejor establecidos económicamente.

El propósito original de este tratado fue acercar entre sí a los países miembros y ensanchar los mercados, fortaleciendo la economía entre ellos. Ahora, en cambio, ese motivo original ha variado y su objetivo es mucho más amplio, ya que se pretende crear una vasta zona político-económica común, siendo su principal fuente de poder el comercio. En los últimos años, la economía mundial ha mostrado una clara tendencia hacia la integración; considerándose dicha integración económica como la suma de países con relaciones comerciales comunes. Esta dependencia mutua es mucho más visible ante determinados fenómenos económicos, como crisis, inflación, etc.

Ningún país está exento de experimentar cualquiera de estos fenómenos. Es más, a diario leemos en la prensa sobre los problemas y reveses económicos que sufren muchos países. Y no nos referimos a países del Tercer Mundo, sino a países con solvencia económica demostrada.

Aunque en sus comienzos se fijó el número diez como la cantidad de naciones que integraría la Comunidad Económica Europea, originalmente esta comenzó con seis naciones. Sin embargo, hasta el momento, Europa ha logrado anidar bajo sus alas a doce países. Esta unidad se compuso de seis países por un tiempo aproximado de quince años. Para el año 1971, Noruega se unió también al Mercado Común, pero se retiró al llegar el año 1972.

Más tarde, en 1973, se unieron también los gobiernos de Irlanda, Dinamarca y Gran Bretaña. Grecia fue el país que formó el número diez, al unirse en el año 1981. Con solo nueve países, la CEE (Comunidad Económica Europea), ya se consideraba como la segunda potencia industrial del mundo, y la primera potencia comercial del planeta.

PROPÓSITOS Y PODERÍO DE ESTA UNIDAD

Para 1988, el Mercado Común Europeo estaba compuesto por doce naciones. Con la afiliación en 1986 de España y Portugal, su poderío económico superó al de los Estados Unidos de América y al de Japón, dos naciones que por separado constituyen un poder económico reconocido a escala mundial.

De acuerdo a la opinión del mismo Mercado Común, Europa constituye la mayor construcción económica y el mayor mercado, ¡siendo la primera potencia comercial del planeta! Por cierto, el propósito fundamental que persigue este mercado común es fundirse de forma voluntaria en una entidad común que les dote una misma protección militar, una misma moneda, un mismo mercado e incluso de un mismo Parlamento y Tribunal de Justicia con autoridad supranacional. Ya tienen su propia moneda que lleva el nombre de «European Currency Unit» (ECU) que en español se traduce Unidad Monetaria Europea [sustituida por el euro el 1 de enero de 1999]. Lo que hace a esta moneda sorprendente es su significado, ya que la misma lleva la imagen de Carlos V, antiguo emperador del Imperio romano. El significado es obvio: revivir el antiguo Imperio romano.

Tal vez muchos no se hayan dado cuenta del enorme potencial que tendría una Comunidad Europea políticamente unida. Europa avanza hacia la meta de convertirse en un solo país. Si Europa llegara a culminar su unificación, se convertiría en una superpotencia mundial más fuerte que Rusia y los Estados Unidos. Incluso, tendría una población mayor a la de ambas potencias, y una capacidad militar aproximada a la de estas dos naciones. Ellos contemplan que para 1992 se hayan eliminado todas las fronteras y barreras comerciales. Como resultado, llegarían a ser una sola nación y superpotencia, con un solo sistema monetario y alcanzando un estatus económico igual, o mayor, al de las superpotencias actuales.

La Comunidad Económica Europea tiene como meta la expansión continua y equilibrada de sus miembros, así como el aumento de su nivel de vida por el establecimiento de una serie de leyes. Por ejemplo, libre circulación de mercancía, mano de obra y capital, y libre establecimiento y prestación de servicios. También figura dentro de sus planes la creación de una tarifa exterior común, y poner en práctica políticas comunes en agricultura, comercio, competencia y transporte. Todo esto la define como una entidad de igualdad e integridad económica.

El Mercado Común estableció una unión aduanera que permite que paulatinamente los aranceles (tarifa oficial que determina los derechos de aduana) se eliminen entre los países integrantes. Como es natural, la idea es que los ciudadanos puedan pasar la frontera y comprar como si fuera un solo país, sin tener que pagar contribuciones. También se les garantizará libertad de trabajo a todos los países miembros. Es evidente que, al derribar las barreras arancelarias que dividen a las naciones, se amplían los mercados de los países miembros y aumenta su eficiencia.

Si se logran las metas establecidas por el MCE (Mercado Común Europeo), Europa será absoluta desde el punto de vista militar, político y económico, con un tremendo poder de impacto a nivel mundial. Esto llevará a que otros países se le unan formando un solo «gobierno mundial» dirigido por una sola cabeza humana. Cuando se levante este gobierno o imperio mundial, con las riendas del mismo en las manos de un solo hombre, se eliminarán todas las diferencias de opinión.

Entiéndase que esta unidad, este gobierno, no es de Dios. Este hombre y su Imperio son enemigos de Dios. La profecía bíblica se está cumpliendo con dinamismo y prontitud. El «gigante dormido» está despertando, el Imperio romano está reviviendo. El Señor dice en su Palabra que se levantarán diez reyes. Si miramos el panorama geográfico actual del viejo Imperio romano, notaremos que hay diez naciones. Sin embargo, para esta fecha (año 1990), hay doce naciones o reyes que son miembros del Mercado Común Europeo. Dios no miente, pues «sea Dios veraz, y todo hombre mentiroso» (Romanos 3:4). Por lo tanto, podemos esperar que, dentro de poco, dos naciones se retiren del Mercado Común, al igual que lo hizo Noruega en 1972.

Cuando el anticristo tome dominio del MCE, habrá diez naciones, las que geográficamente corresponden al viejo Imperio romano. Hemos llegado a esta conclusión sobre la base de que todas las profecías para el regreso de Jesucristo en las nubes a buscar a su pueblo están cumplidas. En su infinita misericordia, Dios ha provisto, en el Rapto de la Iglesia, el medio por el cual vamos a escapar del dominio cruel de este hombre. ¿Estás preparado para ese encuentro glorioso con el Señor Jesucristo en las nubes?

EL PARLAMENTO

En el mes de julio de 1979, tuvo lugar un acontecimiento transcendental. Se formó el primer parlamento de la Comunidad Económica Europea, compuesto por cuatrocientos diez diputados, lo cual es un número considerable. Esta estructura dará lugar a la fuerza política que encabezará el anticristo.

ACTUALIDAD DEL MERCADO COMÚN EUROPEO

Al momento de escribir este libro, nuestros periódicos nos informan que la Comunidad Económica Europea está atravesando por la crisis financiera más grave dentro de sus treinta años de historia. El MCE está prácticamente en quiebra y es posible, de acuerdo a la información del rotativo local, que la crisis empeore.

Los doce países que hoy son miembros de la CEE no han llegado a un acuerdo. Están sumidos en una confusión, ya que sus estados miembros difieren respecto a la forma en que el Mercado Común debe estructurarse y en cuanto al papel que está llamado a desempeñar en el panorama internacional. Hasta el momento, las conferencias que han realizado, han resultado ineficaces para la situación de la CEE. Esta misma situación les ha hecho retroceder en su gran objetivo de crear una Europa Occidental más unida.

Por otra parte, tenemos información de Francia misma, país miembro del MCE, señalando que la «Cumbre de Copenhague», la conferencia cumbre de la CEE, quedará en la historia de la CEE como uno de sus naufragios más dramáticos, ya que después de largas horas de discusiones, estas resultaron ser estériles, y los doce países han quedado como incapaces de demostrar su unidad, no encontrando una solución al problema financiero. Este desacuerdo ha tenido lugar en el peor momento de la vida de la CEE, puesto que esta continúa hundida en una profunda crisis monetaria y financiera.

Proféticamente, este es el panorama que tiene que estar reinando en este momento, para que cuando aparezca el anticristo, sobresalga su poder de administrar y de resolver cualquier problema. Esto obligará a las diez naciones a buscar un líder que les resuelva esta situación, la cual se superará (Apocalipsis 13:3-4). Es más, tendrá absoluto control de la economía mundial (Apocalipsis 13:17).

Un solo gobierno

LAS NACIONES UNIDAS

*L*a Organización de las Naciones Unidas (ONU) es una organización mundial de Estados creada para mantener la paz y la seguridad en el mundo. Esta organización tiene sus fundamentos en la Segunda Guerra Mundial cuando Estados Unidos, la Unión Soviética, Gran Bretaña y China acordaron la constitución de una organización internacional.

Algunos de los principios por los cuales debe regirse esta organización son: respeto de los derechos humanos y de las libertades fundamentales de todos los hombres, fomentar la amistad entre las naciones, resolución pacífica de las controversias entre Estados y de las situaciones capaces de producir un quebrantamiento de la paz, etc.

Esta organización tiene cuarenta y cuatro años de poder concentrado de todos los reinos del mundo, pero la situación mundial les ha llevado a hacer unas declaraciones que, humanamente, asombran a cualquiera. Han expresado que el caos político y económico actual no hay quien lo resuelva. Un líder de esta organización declaró:

Lo único que puede resolver el caos político y económico actual, a nivel mundial, es que aparezca un hombre que tenga tal talento, tal inteligencia, que una la economía de todas las naciones, y levante el sistema monetario mundial. Necesitamos a ese hombre, estamos esperándolo; tiene que aparecer, y venga de Dios o del diablo, lo aceptamos.

¡Irónico! ¿Verdad? La «Gran Organización», donde muchos tienen aún puestos sus ojos confiando en que puedan lograr la paz mundial, se expresa de esta manera. Lo que es peor, si bien se exige con mucha frecuencia que haya paz, ya son alrededor de doscientas las guerras ocurridas desde la fundación de las Naciones Unidas en el año 1945, a pesar de que en su acta de fundación figura el juramento de: «¡Nunca más una guerra!». Sin embargo, la verdadera paz solo la da el Señor Jesucristo:

La paz os dejo, mi paz os doy; yo no os la doy como el mundo la da.

Juan 14:27

Ellos esperan a un hombre, y ese hombre viene; ese hombre está ya por tomar las riendas de este mundo, y lo van a recibir como dijeron; pero no viene de Dios, viene del diablo.

La ONU no es la única que tiene su mirada puesta en un solo líder mundial, sino también los economistas. Señalan que la economía mundial necesita líderes, necesita a «alguien» que se preocupe por el bien común de mantener el orden y de hacer cumplir lo pactado. Han expresado que no saben quién podrá asumir este cargo, ya que el liderato es un fenómeno que implica responsabilidad, y que alguien debe preocuparse de que el aspecto tanto político como económico «camine por buenas sendas». Los años que antecedan a ese líder los han catalogado como difíciles e inciertos. Conociendo las Escrituras, sabemos también que esto no es cierto, ya que ese hombre solo espera el momento para darse a conocer.

EL ANTICRISTO, UN FALSO MESÍAS
De los falsos mesías, la Escritura expresa lo siguiente:

Porque se levantarán falsos Cristos, y falsos profetas, y harán grandes señales y prodigios, de tal manera que engañarán, si fuere posible, aun a los escogidos.

Mateo 24:24

Nosotros sabemos que Jesús es el único y verdadero Mesías. El mundo anda a tientas buscando tranquilidad de espíritu y solución a sus problemas. Es muy difícil que un mundo tan convulsionado pueda ofrecer algún tipo de solución. Aun así, la gente está dispuesta a seguir a cualquiera que le ofrezca, aunque sea, una leve esperanza. Incluso, intenta comunicarse con su «dios» mediante ritos y ceremonias cargadas de sacrificios y de distintas filosofías.

El mundo con sus guerras y multitud de problemas ha empujado a la gente hacia los falsos profetas. Lo triste es que también lo empuja hacia la práctica del ocultismo y el misticismo. La gente sin Cristo sigue cualquier doctrina en busca de alivio espiritual, y cuando se decepciona de unos,

siguen a otros. A la humanidad la están preparando para
recibir a un gran falso mesías: el anticristo. En una ocasión,
el Señor Jesucristo dijo:

*Yo he venido en nombre de mi Padre, y no me recibís; si
otro viniere en su propio nombre, a ése recibiréis.*

Juan 5:43

El mundo no tiene confianza en los gobiernos; la
decadencia existente en ellos es como un saludo de bienvenida
a este hombre, quien será el último emperador mundial.
Esta situación ayudará a este hombre en su conquista del
último gobierno humano. Este hombre vendrá con todo un
programa «de paz y seguridad». Obtendrá la lealtad de los
que quedaron después del Rapto, que le aclamarán como a
una especie de mesías. El mundo le confiará sus problemas,
y él, con engaño y astucia, conseguirá sacarles de su miseria
y caos por un poco de tiempo.

Junto a él trabajará un hombre, a quien la Biblia se refiere
como el falso profeta, que no buscará glorias para sí mismo,
sino que hará atraer toda la atención sobre este hombre
y buscará que le adoren y le rindan pleitesía. Ahora bien,
¿cómo se presentará este hombre y quién es? La Biblia no
permite que se señale a ningún hombre como el anticristo;
no sabemos su nombre y, en realidad, no sabemos quién
pueda ser, pero a través de las Escrituras sí sabemos mucho
de él.

En primer lugar, este hombre saldrá de Europa, del Imperio romano revivido; o sea, de las diez naciones que com-
ponen el Mercado Común Europeo.

*La cuarta bestia, espantosa y terrible y en gran manera
fuerte, la cual tenía unos dientes grandes de hierro;
devoraba y desmenuzaba, y las sobras hollaba con sus
pies, y era muy diferente de todas las bestias que vi antes
de ella, y tenía diez cuernos. Mientras yo contemplaba
los cuernos, he aquí que otro cuerno pequeño salía entre
ellos, y delante de él fueron arrancados tres cuernos de los
primeros; y he aquí que este cuerno tenía ojos como de
hombre, y una boca que hablaba grandes cosas.*

Daniel 7:7-8

Como explicamos antes, esta cuarta bestia es el Imperio
romano, el imperio más grande de la antigüedad, y el que
no tuvo sucesor. Los diez cuernos son diez reyes o reinos.
En la actualidad, en Europa vemos el resurgimiento de este
coloso con el nacimiento del Mercado Común Europeo o la
Confederación de las Diez Naciones; es decir, la Comunidad
Económica Europea. Y el cuerno pequeño que salía entre
ellos, que tenía ojos y boca como de hombre, es un hombre:
El anticristo.

Cuando este dictador se dé a conocer, se va a apoderar de
la Confederación de las Diez Naciones. Este hombre tendrá
su imperio en la Europa Occidental, en el antiguo Imperio
romano. De estas diez naciones, siete le entregarán sus
dominios y su poder voluntariamente, pero tres se resistirán,
siendo derrocadas por el anticristo (Daniel 7:8).

Este dictador entrará en escena con un gran poder
conquistador y se ganará la simpatía de todo el mundo
por medio de «promesas de paz, prosperidad y seguridad».
Sin embargo, la realidad es que lanzará la tierra a una de

las épocas más terribles y trágicas que se haya vivido. Jesús mismo la denominó así: «La gran tribulación».

> *Habrá entonces gran tribulación, cual no la ha habido desde el principio del mundo hasta ahora, ni la habrá.*
> Mateo 24:21

Este hombre no puede aparecer mientras la Iglesia de Jesucristo, la Novia del Cordero, esté aquí en la tierra. Si este hombre se diera a conocer ahora, nosotros, la verdadera Iglesia de Jesucristo, tenemos la autoridad y el poder para destruir sus planes y propósitos, para reprenderle en el nombre de Jesús, y nada podría hacer. Pero tan pronto suene la trompeta y ocurra el rapto glorioso, y estemos seguros con el Señor, el refugio eterno, entonces, ¡ay de los habitantes de la tierra!, porque serán días de angustia y persecución como nunca antes.

Este hombre será el tirano más terrible que jamás haya existido sobre la faz de la tierra. Un instrumento utilizado por el enemigo de las almas, lleno de odio e ira de Satanás contra Dios, el Todopoderoso. No hablará contra otros reyes, sino que, en su locura, hablará contra Dios. Mostrará especial antagonismo hacia el Altísimo, sus santos y todo lo sagrado.

CÓMO IDENTIFICARLO

El anticristo es un personaje que hace sombra a través de toda la Biblia. Es el personaje enigmático dentro del panorama bíblico. A través de la Biblia, el anticristo toma diversos nombres: La bestia (Apocalipsis 13:2-4); el hombre de pecado (2 Tesalonicenses 2:3); el hijo de perdición (2

Tesalonicenses 2:3); y el cuerno pequeño (Daniel 7:7-8). Daniel dice que su rostro es de aspecto violento y que con su boca «hablaba grandes cosas» (v. 8). Como dijimos, este cuerno pequeño, que luego «salía entre ellos», es el *anticristo*.

El anticristo será un hombre y no un ser reencarnado. Muchos se enredan pensando que será un individuo del pasado reencarnado, como Nerón, Judas, Antíoco Epífanes, Hitler, Mussolini o Napoleón. Sin embargo, no es así, pues la reencarnación no existe. Será un hombre real que usará con eficiencia sus poderes a favor de su infernal maestro, Satanás. Además, la Biblia dice:

> *Y el dragón le dio su poder y su trono, y grande autoridad.*
> Apocalipsis 13:2

La Biblia afirma, y estoy de acuerdo, que la bestia será de veras un hombre, un caudillo revestido de poderes sobrenaturales, la obra maestra de Satanás.

Este terrible dictador tendrá en sus manos la vida o el destino de millones de personas. Todo su poder satánico va dirigido contra Dios, a quien blasfemará; así como contra los santos, a quienes perseguirá. Por cuanto el anticristo poseerá todo el poder del diablo, tendrá poder para:

1. Hablar grandes cosas y blasfemar (Apocalipsis 13:5).
2. Blasfemar a Dios, el tabernáculo y los que moran en el cielo (Apocalipsis 13:6).
3. Hacer guerra contra los santos; o sea, los que mantengan el testimonio de Jesús en la Gran Tribulación (Apocalipsis 13:7; Daniel 7:21).

4. Tener autoridad sobre todo el mundo (Apocalipsis 13:7).

5. Atraer la atención del mundo (Apocalipsis 13:3).

6. Traer prosperidad engañosa los primeros tres años y medio de su gobierno (Daniel 8:24-25).

7. Cambiar los tiempos y las leyes (Daniel 7:25).

8. Ser entendido en misterios; es decir, en cosas difíciles (Daniel 7:23).

9. Hacer su voluntad, y se engrandecerá sobre todo dios y no hará caso del Dios verdadero (Daniel 11:36-37).

10. Controlar las riquezas y toda la economía. Nadie podrá comprar ni vender sin su marca (Daniel 11:38-43; Apocalipsis 13:16-17).

11. Obrar señales y maravillas (2 Tesalonicenses 2:8-9).

12. Tener control de la religión y la adoración. Se sentará en el templo de Dios, haciéndose pasar por Dios (2 Tesalonicenses 2:4).

13. Dirigir la Tercera Guerra Mundial de Armagedón (Apocalipsis 17:12-14).

14. Destruir, junto a sus diez naciones, a la gran ramera que dirige el falso profeta (Apocalipsis 17:16-17).

15. Matar a los dos testigos. Dejará sus cadáveres expuestos a toda la tierra por tres días y medio para que el mundo vea su poder (Apocalipsis 11:7-10).

16. Desarrollar una persecución terrible contra el pueblo hebreo que Dios va a guardar en el desierto (Apocalipsis 12:14-15).

17. Llevar al mundo a un avivamiento de idolatría (Apocalipsis 13:14).

Esto es un resumen del poder que ejercerá este hombre durante su reinado. Por cuarenta y dos meses tendrá el control absoluto dentro de su gobierno mundial. Atraerá a gente de todo nivel social. Debido a su capacidad administrativa y su habilidad para dirigir al pueblo, el mundo quedará maravillado con su inteligencia y diplomacia. Arreglará la situación económica y traerá la «paz». La gente le aclamará como el hombre que el mundo ha estado esperando. El anticristo hace su entrada recibiendo una «herida de muerte, pero su herida mortal fue sanada; y se maravilló toda la tierra en pos de la bestia» (Apocalipsis 13:3). Esta será la cartelera de publicidad del anticristo; con esto se dará a conocer. Luego, como es natural, será difícil olvidar al hombre que prácticamente resucitó de la muerte. Es un hecho que este hombre es la antítesis de Jesucristo. Veamos:

JESUCRISTO	ANTICRISTO
Es el Cordero	Es la bestia
Manso y humilde	Altivo
Es el Salvador	Dictador, destructor
Enviado de Dios	Agente satánico
No hubo engaño en su boca	Engañador
Derramó su sangre por los pecadores	Hará derramar la sangre de los santos
Hijo de Dios	Hijo del diablo
Es luz	Surge de las tinieblas
Verdadero Dios	Pretende ser Dios
Vino en nombre del Padre	Viene en su propio nombre
Dios encarnado	Satanás encarnado
Pacificador	Llevará al mundo a una guerra

Lucifer trató de ser igual a Dios. No de imitarle, sino de ser igual a Él, buscando adoración para sí mismo.

Tú que decías en tu corazón: Subiré al cielo; en lo alto, junto a las estrellas de Dios, levantaré mi trono, y en el monte del testimonio me sentaré, a los lados del norte; sobre las alturas de las nubes subiré, y seré semejante al Altísimo.

Isaías 14:13-14

Se llenó de orgullo, sintiéndose con derecho a que le adoraran; por esta razón, Dios le derribó de las alturas y ya no fue más Lucifer, que significa «portador de luz», sino Satanás, diablo, etc. El enemigo de las almas, Satanás, sigue con sed de adoración, y está buscando adoradores entre los hombres. ¿Por qué entre los hombres? Porque el hombre es la creación máxima de Dios que será como los ángeles por la eternidad (Lucas 20:36). Por cuanto no puede vencer a su enemigo, que es Dios, lanza toda su ira hacia el hombre para separarle de Dios y destruirle.

Como veremos más adelante, el mundo está atravesando un terrible auge del ocultismo, donde miles de engañados siguen doctrinas de demonios y le rinden adoración. Sin embargo, durante la Gran Tribulación es cuando de veras el enemigo verá cumplido su deseo de que el hombre le adore. El diablo es un imitador de Dios, y durante este tiempo y a través del anticristo, su obra maestra (ya que Satanás tomará posesión y dominio completo de este hombre), logrará cautivar la admiración y adoración de millones de personas, arrastrándolas, a su vez, hacia la condenación eterna.

Veamos un contraste entre la manifestación de Cristo y Satanás:

1. El Señor nos sella con el Espíritu Santo (Efesios 1:13-14). Satanás sellará a sus seguidores con la marca, el nombre de la bestia o el número de su nombre (Apocalipsis 13:17).
2. El Señor murió y resucitó al tercer día (Lucas 24:7). El anticristo recibirá una herida como de muerte, pero su herida mortal se sanará (Apocalipsis 13:3).
3. Jesús vino a hacer las obras del Padre (Juan 9:4). Satanás se mostrará a través del anticristo (Apocalipsis 13:2).
4. Dios busca adoradores que le adoren en Espíritu y verdad (Juan 4:23). El falso profeta hará que los moradores de la tierra adoren a la bestia y a su imagen (Apocalipsis 13: 12, 15).
5. Jesús obró muchos y grandes milagros para confirmar que Él era el Cristo (Juan 20:30-31). Satanás, en cambio, hará milagros a través del falso profeta a fin de confirmar su poder satánico (Apocalipsis 13:13-15).
6. Solo Jesús da la verdadera y única paz (Juan 14:27). El anticristo traerá una paz engañosa (1 Tesalonicenses 5:3).

Esto es solo un ejemplo de todo lo que el enemigo hará durante la Gran Tribulación para imitar la grandeza de Jesús, el Señor, y buscar adoración propia. A un mundo que no conoce a Dios no le será difícil endiosar y adorar a un hombre tan sobrenatural.

Entendamos que el ambiente está preparado para adorar a este hombre. Si los hombres y los religiosos adoran con tanta facilidad objetos inanimados y a tantos ídolos, ¿con cuánta más facilidad adorarán a un hombre dotado de poderes sobrenaturales y prácticamente resucitado de la muerte?

¿DÓNDE ESTÁ EL ANTICRISTO?

La respuesta a esta pregunta no la tenemos, y tampoco nos preocupa, ya que nosotros, el pueblo de Dios, no le veremos (2 Tesalonicenses 2:7-8). No obstante, sí sabemos que este hombre tiene que estar en la tierra ahora mismo, aunque todavía no se haya manifestado abiertamente. Dado que entrará en escena a través del panorama político, cabe la posibilidad de que esté involucrado en el conflicto del Oriente Medio; como también puede que sea miembro del parlamento en Europa, el Mercado Común Europeo; incluso, podría pertenecer a la Organización de las Naciones Unidas. No lo sabemos, y como dijimos antes, la Biblia no permite señalar a ningún hombre como el anticristo. Este hombre es un misterio; solo las personas que queden en la Gran Tribulación le verán y le conocerán; ya que serán sometidas a su dictadura.

Si en la actualidad este hombre está activo dentro del plano político, solo podrá canalizar sus movimientos a través de otras personas. Este hombre tiene que sentir que tiene un «ministerio especial» con el mundo, pero su tiempo no ha llegado aún. Subirá al poder y trabajará con engaño y fraude. Tendrá una habilidad especial para entender la guerra y controlar cualquier cosa que la cause. Todo estará bajo su control: petróleo, metales, oro, etc.

El mundo le recibirá como el benefactor y el hombre que necesitan. Hará un pacto de paz con el pueblo de Israel, pero a la mitad del tiempo lo romperá, y se dará a conocer, descubrirá su verdadera identidad ante el mundo que le creyó. El libro del profeta Daniel revela la ascensión y caída del anticristo y su imperio (Daniel 11:21-45). La Biblia dice que será quebrantado, aunque no por mano humana (Daniel 8:25).

Siete años de gobierno

Como dijimos antes, nuestro mundo va camino hacia un sistema unificado, tanto en el aspecto político, como en el religioso y económico. Es difícil que un solo hombre pueda tomar las riendas del mundo entero y establecer un gobierno perfecto. Solo lo puede hacer Dios, quien es Soberano y Todopoderoso.

A través de la historia podemos observar que ningún gobierno ha podido establecer paz y prosperidad duraderas. Al contrario, solo hemos conocido guerras y violencia. Y en lugar de prosperidad, hemos tenido hambre y miseria. Tanto es así que, en muchas partes del mundo, gran parte de la población nace y muere en las calles. Ese es su hogar. No conocen nada mejor. Mientras unos viven en la abundancia, inundados por la superproducción, lo triste es que otros luchan por subsistir en medio de conflictos políticos, guerras y promesas de paz.

«PAZ»

Podemos definir la paz como tranquilidad o sosiego. Es un estado de quietud. Sin embargo, «no puede haber paz entre los hombres si primero no tenemos paz con Dios».

Al leer el Antiguo Testamento, encontramos que Dios le prometió a su pueblo reposo y paz si le obedecían. Dios hacía cesar las guerras cuando el pueblo se sometía a Él en obediencia.

Y yo daré paz en la tierra, y dormiréis, y no habrá quien os espante; y haré quitar de vuestra tierra las malas bestias, y la espada no pasará por vuestro país.

Levítico 26:6

La guerra es causa de sufrimientos. Dios, como bendición al pueblo por guardar su pacto y sus enseñanzas, le otorgaba paz.

Más que nada en el mundo, el hombre desea tener paz. La humanidad entiende que la guerra es una locura que solo trae devastación y caos. El hombre anda genuinamente preocupado por la paz; pero lo irónico es que el mismo hombre inteligente y las naciones desarrolladas son los que van a la guerra en busca de la paz.

Con mucha frecuencia leemos en nuestros periódicos acerca de convenios y actividades que se realizan en busca de la paz. Se hacen gestiones de paz, se dialoga en favor de la paz, y se firman acuerdos o tratados para una paz firme y duradera. Se le canta a la paz. Por cierto, una canción dice: «Dale una oportunidad a la paz». Incluso, se hizo «la carrera por la paz», y se entregó una antorcha, símbolo de la paz.

El símbolo de la paz (círculo con cruz invertida dentro y los brazos quebrados) lo vemos a menudo en revistas y periódicos, y hasta pintados en las paredes. Este es el símbolo de la paz del hombre o la paz del anticristo. Por eso es que no tenemos paz. Por supuesto, no podemos tenerla, ya que la paz verdadera solo es posible para quien tiene a Cristo en su corazón.

Hay una genuina preocupación por la paz. El hombre asegura que le ha dado «toda clase de oportunidad a la paz». Sin embargo, sabemos que no es cierto. La falta de paz en nuestra época, al igual que antes, se debe a la desobediencia a Dios. Es imposible que el hombre pueda estar en paz con su prójimo, si no está en paz con Dios. La Palabra dice:

¡Oh, si hubieras atendido a mis mandamientos! Fuera entonces tu paz como un río, y tu justicia como las ondas del mar.

Isaías 48:18

Hasta el momento los convenios solo han traído una paz aparente, una paz engañosa. El hombre firma los tratados de paz, y él mismo los rompe. Aunque la Organización de las Naciones Unidas sigue en su «misión de paz», el mundo no tendrá verdadera paz mientras camine de espaldas al Señor. Los millares de presos políticos que cayeron en la lucha por la paz, y los miles de millones de dólares que se invierten en fabricación de armamentos, son testigos de la impotencia del hombre para lograrla por sus propios esfuerzos. No puede haber tal cosa como «guerra por la paz». Esto es una contradicción.

A través de toda esta turbulencia y confusión, la mente del hombre se ha preparado para aceptar la paz engañosa del anticristo. El mundo está listo para recibir un líder que traiga paz al mundo y, por tanto, la solución para la guerra. Este hombre, el anticristo, será capaz de traer «la paz» al mundo, y atraer la atención hacia él. Con engaño y astucia traerá la paz solo por tres años y medio (Apocalipsis 6:1-2; Daniel 9:27). Como resultado, lo aclamarán como el hombre o líder que necesitaban, así como la respuesta a los problemas del mundo.

No obstante, como todo líder humano, y al igual que lo ocurrido hasta ahora con todos los dirigentes humanos, él mismo romperá el pacto de paz, y vendrá tres años y medio de guerra mundial: La Gran Tribulación (Apocalipsis 6:4). Entonces, el mundo entenderá que este hombre no es el líder que esperaban, sino que los engañaron. Lo triste es que quienes hayan quedado y conocen la Palabra de Dios, se acordarán de este pasaje de la Palabra:

Cuando digan: Paz y seguridad, entonces vendrá sobre ellos destrucción repentina.

1 Tesalonicenses 5:3

ECONOMÍA: UN NUEVO SISTEMA MONETARIO

¿Será posible establecer un nuevo sistema económico mundial? La situación económica actual se nos presenta como el problema más grande que confrontamos. Este caos monetario es a nivel mundial. Nuestros periódicos fielmente nos informan los altibajos en el valor del dólar y del oro. Esto ha llamado la atención de todos los gobiernos. La deuda acumulada a nivel de países está por encima de los miles de millones de dólares, y lleva la consigna de ser incobrable. Los bancos luchan por escapar de la inflación. La necesidad urgente de lograr una estabilidad económica a nivel mundial es ahora mayor que nunca. La cantidad de cheques y cuentas que los bancos reciben a diario es alarmante, y se les hace difícil mantener todo al corriente.

Hace poco fuimos testigos del colapso que sufrieron los mercados financieros. La incertidumbre, la ansiedad y la confusión eran evidentes. Lo triste es que para muchos, cuyo dios es el dinero, la mayor amenaza fue de tipo psicológico. Tanto es así, que de acuerdo a un importante periódico local del 27 de octubre de 1987, un inversionista que perdió grandes sumas de dinero durante este colapso financiero, asesinó a un gerente, hirió a otros y luego se suicidó. Nuestra confianza no puede estar puesta en el dinero, sino en el Señor, sin importar la situación que se nos presente.

Mía es la plata, y mío es el oro, dice Jehová de los ejércitos.
Hageo 2:8

Incluso los gobiernos entienden que no hay vías de escape para esta situación o crisis económica. La Biblia dice

Porque raíz de todos los males es el amor al dinero.
1 Timoteo 6:10

La codicia y el hambre de poder de algunos dirigentes políticos han tirado por la borda el respeto al hombre como persona, y al de su libertad. Se ha roto la armonía entre el hombre y la naturaleza, la cual nos provee de bienes para subsistir y para nuestro bienestar.

Los gobiernos gastan millones de dólares en armamentos de guerra y armas nucleares, en viajes espaciales y conquistas competitivas, lo que hace problemático la elaboración de los distintos presupuestos nacionales. Todo esto da lugar a que millones de seres humanos vivan en condiciones trágicas y mueran de hambre.

No podemos mostrarnos ciegos ante la realidad de este mundo. Es una verdadera tragedia, pues los recursos se desperdician sin la menor importancia. Una evidencia sólida de esto lo es Etiopía, el país más pobre del mundo, donde un alto porcentaje de niños muere antes de cumplir los cinco años y, sin embargo, tiene un ejército permanente de casi doscientos cincuenta mil soldados. ¡Un líder de las Naciones Unidas expresó que los gastos militares en el mundo ascienden a dos millones de dólares por minuto! Podemos concluir, entonces, que la manera de invertir el dinero es el problema más grande que confrontamos.

Por otro lado, la cantidad de robos y crímenes cometidos en nombre del dinero es alarmante. Esto ha llevado a que en muchos establecimientos públicos no utilicen, ni acepten, dinero en efectivo después de cierta hora de la noche; solo aceptan tarjetas de crédito. La razón es obvia: temen que les roben o asesinen. Todo este caos económico ha dado lugar a robos, asesinatos, hambre, pobreza, deudas, suicidios, guerras, etc. Por lo que los gobiernos, economistas y científicos idearon un nuevo sistema monetario.

¡BIENVENIDO EL DINERO PLÁSTICO!

Dentro de la tecnología ha surgido una revolución, donde las computadoras están acaparando la atención del mundo y ocupando el lugar del hombre. Las demandas del mundo exigen rapidez y precisión. Dentro del ambiente del sector económico o comercial, los adelantos de las computadoras y de los sistemas de información nos presagian el dominio de la tarjeta de crédito o dinero plástico.

El dinero plástico hizo su llegada para la década de 1970 y, desde entonces, se le ha utilizado bajo el común denominador del *resuélvelo todo*.

Con el uso de esta tarjeta, el nivel de consumo ha aumentado, promoviendo una de las transacciones financieras de más alto volumen. De acuerdo con las estadísticas realizadas por autoridades en el asunto, un gran número de personas tiene en uso de cuatro a seis tarjetas de crédito o más. En realidad, las instituciones bancarias y otras empresas que se han encargado de hacerle la promoción a sus tarjetas de crédito con el «cárguelo a su cuenta», también han promovido, en forma indirecta, su uso «automático». Esto conduce, a su vez, a que se gaste más dinero del que normalmente se gastaría si se pagara en efectivo, y se invierte más en compras de lujo. Además, sin que la persona se dé cuenta, la están condicionando para que la identifiquen por un código o número. Todo esto está preparando el panorama para una sociedad sin cheques y sin dinero, *y luego la marca de la bestia: 666.*

UN CÓDIGO INDIVIDUAL

La idea fundamental es procesar todo a través de una sola tarjeta y un número clave individual. Ya no se tocará el dinero ni se expedirán cheques. Toda transacción se hará a través del banco y de acuerdo a un número clave. Los bancos, de manera automática, recibirán los cheques de nómina, los depositarán a la cuenta de cada persona, y de la misma cuenta sacarán fondos para pagar las compras y deudas.

Todo esto no es un movimiento pasajero, es el cumplimiento de la Palabra de Dios, es la antesala a un nuevo sistema monetario donde habrá igualdad para todos. El ambiente de la tecnología actual se ha abonado muy bien para fundamentar las raíces de todo este nuevo cambio.

Este sistema de tarjetas con un número clave tiene sus desventajas, ya que si la tarjeta se pierde o la roban, alguien puede tomar el lugar y cargar cosas a la cuenta de otro. Sin embargo, para evitar que otra persona utilice la tarjeta y el número, ya está programado que cada individuo tenga su número clave *tatuado debajo de su piel*. No está lejos el momento cuando, en efecto, toda persona recibirá un número. Su cuenta no sufrirá robos ni pérdidas, ni tendrá que preocuparse porque su número se pueda borrar, pues esta marca tiene cien años de duración. Este código será indeleble e invisible, excepto cuando se reconozca con algún aparato electrónico diseñado para este fin.

A nuestra mente la están programando para que funcionemos a base de un número. No solo a través de una tarjeta, nuestro mundo se rige prácticamente a base de números. En Estados Unidos es mandatorio que todo niño al cumplir por lo menos seis años de edad tenga su número de seguro social. Por eso, se les orienta a los padres que soliciten dicho número para sus hijos en cuanto nazcan.

Este sistema le permite a la nación tener información sobre cada persona a través del número de «seguro social universal». Cada persona usará el mismo número desde que se le extiende hasta que se muere. Dicho número será indispensable para cualquier transacción o solicitud que se haga: Ya sea para hospitalización, trabajo, crédito, escuelas y universidades. Hoy en día, las universidades le asignan otro número a cada estudiante. Toda persona que recibe algún beneficio del gobierno tiene un número individual. La mayoría de las compras por correo se efectúan de acuerdo a códigos. Los hospitales asignan un número a cada paciente y los confinados tienen su número por el cual se les identifica. Aquí solo hemos mencionado algunos aspectos donde la codificación se ha hecho indispensable. Solo presenta tu número y te atenderán. Si no tienes un número, estás en problemas.

En el campo de las industrias, los productos o artículos están codificados. Observa que casi todos los productos alimenticios, de limpieza, e incluso hasta revistas y demás material de literatura, tienen un código. Casi todos los productos de fabricación europea y estadounidense tienen un extraño código con números y barras. Este código también tiene su historia. Se remonta a 1970, cuando un comité de comerciantes estadounidenses decidió explorar y desarrollar las posibilidades de un código que fuera un patrón común para todos los artículos de la industria.

En la actualidad, este método se utiliza en la mayoría de los productos. El sistema se extendió, y Europa tiene también su propio sistema de códigos de barras: el EAN (*European Article Number*). Este difiere algo del modelo predecesor, el UPC (*Universal Product Code*) estadounidense. Como detalle muy importante mencionamos que «el sistema europeo admite una lectura universal, cosa que no sucede con el estadounidense». Es decir, la codificación de los artículos europeos resulta comprensible para las computadoras estadounidenses, pero no a la inversa.

LA CODIFICACIÓN MUNDIAL

El proyecto de codificación mundial ya tocó a las puertas, y se organizó según dieciocho dígitos. Estos dígitos se dividen en tres grupos de seis números. Por cuanto la Biblia nos dice:

> *Y que ninguno pudiese comprar ni vender, sino el que tuviese la marca o el nombre de la bestia, o el número de su nombre.*
>
> Apocalipsis 13:17

Podemos concluir que los primeros tres dígitos de la codificación mundial individual podrían ser el 666, el número de la bestia, el número de hombre (Apocalipsis 13:17-18), completando luego los dieciocho dígitos. La libertad religiosa y económica no existirá durante ese tiempo. Será tiempo de tribulación «cual nunca ha habido desde el principio», ni la habrá (Marcos 13:19).

Como podemos ver, a este mundo lo están arrastrando de manera muy sutil y peligrosa hacia la *sociedad de dinero electrónico*. Este sistema se ha considerado «práctico» y se ha discutido en forma amplia. No se necesitará llevar dinero ni tarjetas de crédito, ya que, al comprar, toda transacción se hará de forma electrónica. Además, muy pronto, sin esta marca nadie podrá comprar ni vender (Apocalipsis 13:17). De esta forma se pretende numerar y controlar toda actividad de cada persona. Los creadores de este sistema piensan que es la forma más segura para controlar y solucionar la crisis económica mundial. Lo que no pueden entender es que este será el método de manipulación o control mundial más demencial que habrá de controlarles (Apocalipsis 13:1-17).

Una de las personas involucradas en la creación de este *sistema financiero mundial* es un analista jefe del Mercado Común Europeo. Todo esto se llevará a cabo por medio de una gigantesca computadora que, irónicamente, han llamado «La bestia». Esta computadora ya está en función en Bruselas, sede del Mercado Común Europeo, ocupando tres pisos de su gigantesco edificio. «La bestia» (nombre que se le confirió a la computadora), puede registrar cualquier tipo de transacción económica y... «pronto se controlarán tus pasos». Entendamos que además de todo control económico, el anticristo controlará a los creyentes que no levantaron en el Rapto (Apocalipsis 13:7).

Esto no es algo utópico; es una realidad bíblica. Un hombre tomará control absoluto de la economía y traerá la «solución». En cambio, todo será aparente, pues se manipulará, y a los creyentes en Dios los perseguirán y sufrirán como nunca antes. Tendrán que sufrir y padecer por la causa de Cristo. Una vez más debo decir que será una tribulación cual no ha habido nunca antes, ni la habrá. Tribulación es congoja, aflicción, desgracia, persecución. Tendrán que dar sus vidas por la causa de Cristo sin dejarse marcar. Dejarse marcar es como hacer un pacto con el diablo y perderse por la eternidad.

El tiempo de escapar es ahora. La Gran Tribulación se acerca a pasos agigantados; pero antes, el Señor Jesucristo, el refugio Eterno, se llevará al pueblo que le ha sido fiel. El pueblo que se ha guardado de la contaminación de este mundo, que ha mantenido sus vestiduras blancas, y que en medio de lo turbulento de este mundo, de luchas y pruebas, ha confiado en un Dios de amor (Apocalipsis 3:10). La única forma de escapar de la Gran Tribulación es entregarle tu vida a Dios ahora, y servirle en espíritu y verdad; aceptar a Cristo como tu Salvador y prepararte para ese glorioso momento del Rapto de la Iglesia.

«666»

Mucho se ha especulado sobre este tema del número de la bestia y se ha tratado de llegar a conclusiones, pero es imposible. Este hombre y su número son un misterio. La Biblia nos dice que la cifra total de su nombre es 666 y que el falso profeta hará que a todos, pequeños y grandes, ricos y pobres, libres y esclavos, se les ponga una marca en la mano derecha, o en la frente, y que ninguno pueda comprar ni vender, sino el que tenga la marca o el nombre de la bestia, o el número de su nombre (Apocalipsis 13:16-17).

Como mencionamos antes, este sistema es demencial, y nos recuerda a los antiguos esclavos que se marcaban con el carimbo [hierro para marcar a fuego a los animales]. Los que ahora se burlan de las cosas de Dios y de las manifestaciones del Espíritu Santo, en ese día los marcarán como a animales. De forma voluntaria recibirán la marca de la bestia. Este número, tatuado debajo de la piel, quedará en ellos para siempre. Con él señalarán que están del lado de los enemigos de Dios y, como es natural, en contra de Él. Los hombres se convertirán en esclavos de la bestia, y la marca es su sello de identificación con el *anticristo*.

La señal de la bestia servirá tanto a un propósito religioso como económico. La bestia y el falso profeta estarán al frente de un sistema de gobierno totalitario, donde ellos tendrán control completo de la política, la economía y la religión, con el fin de lograr que todos los hombres adoren a la bestia. Por medio de esta marca y un sistema computarizado, el anticristo podrá controlarlo todo, y conocerá quiénes le son fieles y quiénes son los santos.

> *Y se le permitió hacer guerra contra los santos, y vencerlos.*
>
> Apocalipsis 13:7

Durante esos días de tribulación, los creyentes que no sean partícipes del Rapto podrán identificar, como tal, al anticristo. Todo el que reciba la marca perderá su alma, ya que lleva el sello de Satanás. A los que no se dejen sellar los perseguirán y torturarán hasta hacerlos sucumbir. A fin de poder salvar sus almas tendrán que preferir la muerte, y decirle no a la marca.

CUÁN LEJOS PUEDE LLEGAR EL HOMBRE

Ahora, veamos cómo todo se está preparando para entregar la economía y el gobierno al anticristo. También veamos cuán lejos ha llegado el hombre en sus avances científicos y tecnológicos. El hombre, de espaldas a Dios y con sus adelantos, le ha facilitado todo al anticristo. No hay nada de malo en el adelanto y el conocimiento, pero el adelanto y el conocimiento sin Dios lleva a la destrucción: «Profesando ser sabios, se hicieron necios» (Romanos 1:22). Podemos concluir que la base para todo este caos mundial la tenemos en este pasaje:

*Y como ellos no aprobaron tener en cuenta a Dios, Dios
los entregó a una mente reprobada.*

Romanos 1:28

Estamos viviendo tiempos de transición y adelantos científicos como nunca antes. Se cumple la palabra profética: «Muchos correrán de aquí para allá, y la ciencia se aumentará» (Daniel 12:4). El hombre le ha lanzado un reto a Dios, y lo ha hecho a través de sus investigaciones científicas. Lo que antes veíamos como un sueño científico, ahora es una realidad. Nuestro mundo, en especial durante la década de 1980, está afrontando decisiones morales nunca vistas en generaciones y décadas pasadas. Veamos:

EUTANASIA

Uno de los resultados de este reto a Dios es el poder sobre la vida y la muerte. Para el año 1988 se esperaba la legalización de la «eutanasia» en el estado de California, Estados Unidos. Holanda es el único país donde, al momento, está legalizada. La eutanasia se define como el «derecho a morir». Sin embargo, lo cierto es que se trata de «un suicidio con asistencia médica». Esta medida les permitirá aliviar sus sufrimientos a los pacientes médicamente incurables que pidan por escrito que se les acelere su muerte. Nos preguntamos: ¿Será que han olvidado que después de la muerte física existe una realidad espiritual?

*Si alguno destruyere el templo de Dios, Dios le destruirá a
él; porque el templo de Dios, el cual sois vosotros, santo es.*

1 Corintios 3:17

> *Porque escrito está: Vivo yo, dice el Señor, que ante mí*
> *se doblará toda rodilla, y toda lengua confesará a Dios.*
> *De manera que cada uno de nosotros dará a Dios cuenta*
> *de sí.*
>
> Romanos 14:11-12

La eutanasia es pecado, y en su nombre el anticristo podrá cometer crímenes, como deshacerse de los ancianos y de los inválidos que, según algunos, consumen tiempo y dinero a cambio de nada.

MANIPULACIÓN GENÉTICA

Para los científicos, la manipulación genética se ha convertido en un recurso indispensable de trabajo en los laboratorios. Pueden invertir la esencia misma de la vida alterando la herencia genética de las plantas, animales, y... ¿seres humanos?

Esta revolución dentro de la ingeniería genética ha despertado, aun en los mismos científicos, tanto esperanzas como temores, ya que tienen en sus manos un arma poderosa. Aunque se han elaborado normas de seguridad y precauciones rigurosas, siempre hay lugar a la duda, por lo que esto se ha convertido en un asunto de enorme interés económico, político y social.

Dentro de esta misma rama de la manipulación genética tenemos que la fertilización «in vitro» ha ido en aumento. Desde que el primer «bebé probeta» nació en Inglaterra en 1978, ya suman unos dos mil quinientos los nacimientos por este método en Europa y Estados Unidos, incluyendo al primer bebé probeta nacido en Bayamón, Puerto Rico, en 1983. La fertilización «in vitro» es una técnica que involucra la extracción de óvulos maduros de la mujer no fértil para que se fertilicen externamente en un laboratorio especializado. Los óvulos se colocan en una probeta de plástico que contiene suero de la madre, y se incuban en un ambiente favorable hasta su madurez. Luego, se toma una muestra del semen del esposo para fertilizar los óvulos. Semen y óvulos permanecen juntos en una probeta en el laboratorio, en temperatura y oxígeno controlados. Después de dos días de crecimiento «in vitro», los embriones que se dividan con normalidad se transfieren al útero de la mujer donde continúa su desarrollo.

Por otro lado, en Estados Unidos, y de acuerdo a un diario local con fecha del 7 de agosto de 1986, nació el primer bebé probeta al que se le seleccionó el sexo. Sus padres deseaban un hijo varón, y el Instituto de Fertilidad de la nación se encargó de los detalles. Nosotros, el pueblo de Dios, no podemos aceptar que estos experimentos realizados en este campo sean moralmente lícitos. Todo esto va en contra de la Palabra de Dios.

Veamos otro ángulo de esta misma situación: Conocemos muy bien cómo mueren de hambre millones de niños. Se calcula que alrededor de cuarenta mil niños mueren cada día por desnutrición y enfermedades. Lo más irónico es que en 1986 nació en Estados Unidos el bebé más caro del mundo. Costó un millón de dólares traer al mundo al primer bebé concebido de un embrión congelado. De acuerdo con el pronóstico de un médico, la congelación de embriones humanos para su implantación más tarde en un útero será la «moda del futuro», y manifestó que esperan iniciar los procedimientos pronto.

Todo esto contrasta también con el número de bebés muertos por el método del aborto. Podemos definir el aborto como «morir antes de nacer». Un médico opina que, con la excepción de encontrar petróleo, no existe otro modo más rápido de hacer dinero que abrir una clínica para abortos. El aborto no es otra cosa que un asesinato. Es un crimen fácil de disimular. Una mujer entra a una habitación, permanece unas horas, y cuando sale, el aborto ya se realizó. El niño, aún en el útero de su madre, es un ser humano independiente, alojado en su seno, quien lo nutre para su normal desarrollo. Se ha descubierto que muchos de los niños de trece semanas que se abortan lucharán por sobrevivir durante dos o tres horas fuera del seno materno. Éxodo 20:13 nos dice: «No matarás», y Éxodo 23:26 afirma: «No habrá mujer que aborte [...] en tu tierra».

La fertilización «in vitro» y la inseminación (fecundación artificial) están fuera de las leyes establecidas por nuestro Creador; y colocan al hombre como «creador» y no de «creado». Como dijimos antes, la Biblia dice que en el tiempo del fin la ciencia aumentará. La Iglesia de Jesucristo no tiene necesidad de ponerse en manos de médicos que se atreven a experimentar. Tengamos cuidado; todo esto es un reto grande para la fe del creyente en el Todopoderoso Dios.

Para que vuestra fe no esté fundada en la sabiduría de los hombres, sino en el poder de Dios.

1 Corintios 2:5

TRASPLANTES DE ÓRGANOS

¿Y qué diremos de los trasplantes de órganos? Los mismos se practican tanto a recién nacidos como a adultos. Recordemos el caso del Baby Fae. Este caso en particular fue muy conocido, ya que los médicos le implantaron un corazón de un «mandril». Fue el primer bebé humano al que los médicos le implantaron un corazón no humano. Murió treinta y dos días después del trasplante experimental.

Otros dos casos que se publicaron en un diario local fue el de otros dos bebés sometidos a trasplantes de corazón a los pocos días de su nacimiento. Un caso impresionante lo fue el de William J. Schroeder. Este fue el hombre que más tiempo vivió con un corazón artificial. Duró veinte meses con un corazón mecánico, el «Jarvik 7», hecho de plástico y metal.

VIAJES ESPACIALES

Otra hazaña del hombre, en abierto reto a Dios, es la de los viajes espaciales. ¿Podemos catalogarlos como señales en los cielos de acuerdo a la Palabra de Dios? El mundo se estremeció por la tragedia del transbordador espacial «Challenger», cuando segundos después de su despegue, estalló en una inmensa e infernal bola de fuego, llevando a su conclusión la vida de siete astronautas. Ellos se lanzaron al espacio en una misión de trabajo, desconociendo que se precipitaban a un cumplimiento previo de lo que Dios hará al Sistema Espacial Mundial en Armagedón. Dios está interrumpiendo la construcción de la torre de Babel moderna. La soberbia del hombre es avergonzada. «Y las estrellas caerán del cielo, y las potencias que están en los cielos serán conmovidas» (Marcos 13:25; lee también Abdías 1:4).

ADELANTOS TECNOLÓGICOS

A nosotros nos ha tocado vivir en la era del adelanto y el conocimiento científico. Miles de años antes, el profeta Daniel profetizó acerca del vasto aumento del conocimiento. Las computadoras han hecho una sólida invasión a los mercados. Ellas y las demás maquinarias se han convertido en una parte importante dentro del medio para lograr una labor más rápida y eficaz. Solo como muestra de los adelantos tecnológicos computarizados, recordemos que muchos bancos tienen el sistema de «cajero automático». Estos ayudan a recortar los costos laborales y a reducir las filas de clientes.

En la actualidad, se trabaja para hacer el uso de estas maquinarias más fácil y duplicar así su eficacia. De manera que estas máquinas, o cajeros automáticos, no solo entregan dinero y aceptan depósitos, sino que emitirán cheques, venderán cheques de viajero, harán operaciones aritméticas y contarán los depósitos. Sin embargo, el hombre no descansa en sus investigaciones e intentos de llegar más lejos. Ya tienen preparado su «listado» de inventos e investigaciones para los años por venir. Veamos:

1989 Creación artificial de la vida primitiva.

1990 Creación de grandes «almacenes de datos» en las centrales telefónicas.

1992 Control regional de climas.

1995 Producción en masa de proteínas sintéticas
obtenidas por nuevos procesos para solucionar
el problema de la alimentación mundial.
Inmunización biológica mundial contra las
infecciones causadas por virus y bacterias.

1999 Desaparición de los defectos orgánicos
transmitidos por herencia o «ingeniería genética».

2008 Crecimiento de órganos y miembros humanos
por medio de la bioquímica.

2021 Control químico del envejecimiento.

2030 Incremento notable de la memoria mediante
medicinas apropiadas.

2050 Creación de drogas para aumentar el cociente de
inteligencia.

El pecado no está en el conocimiento ni en las máquinas; el pecado está dentro del corazón del hombre. Este vasto conocimiento lo usa el hombre para engrandecer su rebelión y soberbia contra Dios. Aunque el hombre pueda producir vida en un laboratorio, lo hará utilizando materia viva creada por Dios. El hombre le hace frente a una gran interrogante que está directamente unida a su propia esencia: la supervivencia del género humano. ¿Tendremos en el futuro una generación exclusivamente de laboratorio?

El hombre no tiene que tomar ninguna decisión solo, y menos en medio de un vacío moral. La vida solo puede evaluarse a la luz de la Palabra de Dios. El hombre tiene que conocer a Dios y su voluntad en medio de un mundo tan convulsionado como este. Dios es inmutable. Él sigue siendo el «Yo Soy» de Éxodo 3:14. Por más adelantos que surjan, y por más descubrimientos e invenciones que haga el hombre, nunca logrará, ni siquiera con el pensamiento, acercarse a Dios en sabiduría. Él es el único que puede llenar el vacío interior que hay en el hombre; y sin Él, el hombre solo estará corriendo hacia su propia perdición.

Aspecto religioso

_D_urante la Gran Tribulación todo el sistema religioso estará controlado por el anticristo y el falso profeta. En otras palabras, no habrá libertad de credo religioso. Habrá una sola iglesia mundial. El falso profeta tomará las riendas, presidiendo el más grande sistema religioso apóstata que haya existido jamás. Esto no será difícil, por cuanto la verdadera iglesia, la Iglesia de Jesucristo, no estará aquí para hacerle frente. Para entonces, la iglesia ya habrá sido levantada y estaremos de bodas con el Cordero.

En cambio, ¡ay de los que se hayan quedado en la tierra! De la misma forma que en el aspecto económico y político el escenario está preparado para entregar todo al anticristo cuando este se dé a conocer, así también en el aspecto religioso todo está listo. Veamos algunos puntos que nos dan luz al respecto.

MOVIMIENTO ECUMÉNICO

Los que apoyan o favorecen la idea ecuménica, y participan de ella, estarán en la Gran Tribulación para darle la bienvenida al falso profeta. En Hebreos 12:14, la Biblia dice que sin santidad nadie verá al Señor. Por lo tanto, es imposible que gente que respalda un movimiento sincretista, que abraza a todos, tanto al pecador como al creyente, pueda algún día ver el rostro del Señor.

En un principio, este movimiento ecuménico comenzó dentro del ambiente de las denominaciones protestantes como fruto de una gran verdad: «El mensaje salvador de Jesucristo no puede causar efecto en las vidas si sus dirigentes se contradicen y se desautorizan mutuamente, por cuanto la Palabra de Dios es una».

El argumento bíblico que se utilizó a manera de defensa y apoyo para canalizar esta filosofía ecumenista fue San Juan 17:21. Sin embargo, la visión de unidad ecuménica involucra una serie de ideas ajenas a la Palabra de Dios, donde el hombre toma el mando con un espíritu de grandeza. En su oración, el Señor Jesús dice:

Para que todos sean uno; como tú, oh Padre, en mí, y yo en ti, que también ellos sean uno en nosotros; para que el mundo crea que tú me enviaste.

Juan 17:21

El Señor habla de «unidad espiritual», no de unidad orgánica, de estructuras ni de unidad de esfuerzo humano, sino de una unidad en la persona del Señor Jesucristo producida por el Espíritu Santo, y no por la mano del hombre. La diferencia entre unidad y ecumenismo es evidente. Para que haya verdadera unidad tiene que haber verdadera regeneración: «Os es necesario nacer de nuevo» (Juan 3:7).

El movimiento ecuménico es como un recipiente que recibe a todo el mundo: a creyentes e incrédulos. Es una mezcla de ideas modernas, de esfuerzos y metas humanas, de teología bíblica vista desde una perspectiva humana, y de falsas doctrinas. La unidad bíblica no puede ser una combinación de la luz con las tinieblas, como el Señor Jesús nos dice con claridad:

> *¿Y qué comunión la luz con las tinieblas? ¿Y qué concordia Cristo con Belial? ¿O qué parte el creyente con el incrédulo? ¿Y qué acuerdo hay entre el templo de Dios y los ídolos?*
>
> 2 Corintios 6:14-16

La meta del ecumenismo es fusionar todas las iglesias y religiones del mundo en una sola iglesia universal. Todo esto es el comienzo de la «superiglesia». Semejante meta no es bíblica ni práctica. El ecumenismo traiciona la verdad bíblica:

> *¿Andarán dos juntos, si no estuvieren de acuerdo?*
> Amós 3:3

Con el fin de favorecer la unidad de estructuras, se ha sacrificado el estricto sometimiento a la doctrina bíblica, dando así lugar al surgimiento de la religión de los últimos días (2 Pedro 2:1-2). Sin embargo, la verdadera Iglesia de Jesucristo tiene que mantenerse firme, reconociendo la autoridad de la Biblia como «única autoridad» para nuestras vidas. La Biblia es la *infalible y eterna Palabra de Dios.*

Esta mezcla de creencias y confusión de ideas es un engaño diabólico donde en su ambición por la unidad total, no han tomado en cuenta la verdad de la revelación divina. Por lo tanto, tampoco necesitan el «discernimiento de espíritus» (1 Corintios 12:10; 1 Juan 4:1). Si el ecumenismo acepta a gente de diversas creencias religiosas, es porque acepta sus dogmas y doctrinas. En cambio, la Biblia dice:

El que dice que permanece en él, debe andar como él anduvo.

1 Juan 2:6

Otro punto muy importante es: «Seguid la paz con todos, y la santidad, sin la cual nadie verá al Señor» (Hebreos 12:14; lee también, 1 Tesalonicenses 5:23; 1 Corintios 5:7). El hombre no puede elaborar la verdadera unidad, sino que debe hacerlo la obra del Espíritu Santo, pues la Iglesia de Jesucristo tiene que ser:

Una iglesia gloriosa, que no tuviese mancha ni arruga ni cosa semejante, sino que fuese santa y sin mancha.

Efesios 5:27

Podemos discernir con claridad que el espíritu de apostasía final, el enfriamiento y la indiferencia a la verdad bíblica de la iglesia apostólica, donde el vínculo del Espíritu les unía, y donde los dones y el fruto del Espíritu se manifestaban a plenitud, está siendo opacado por el ecumenismo ateo y las sectas de error. Esto se debe a que no solo es ateo el que niega la existencia de Dios, sino también lo es aquel que, aunque dice que cree en Dios, vive y actúa como si Dios no existiera. Vive como lo dirige su «yo» (1 Juan 2:6).

No claudiquemos ante la tentación del ecumenismo. En presencia de una mezcla de esta naturaleza, la fe genuina se pierde. Este es el camino ancho y fácil, por donde transitan las almas que se pierden.

Entrad por la puerta estrecha; porque ancha es la puerta, y espacioso el camino que lleva a la perdición, y muchos son los que entran por ella; porque estrecha es la puerta, y angosto el camino que lleva a la vida, y pocos son los que la hallan.

Mateo 7:13-14

OTRAS CORRIENTES FILOSÓFICAS

En cuanto a filosofías religiosas, la más sutilmente diabólica es el humanismo secular. Esta filosofía declara al hombre como el centro de la vida misma. Niega la existencia de Dios y la creación del hombre; por lo tanto, es atea. Establece que el ser humano puede resolver sus propios problemas sin la ayuda de Dios. Es una doctrina de mentiras y engaños que promueve el libertinaje moral. Con esta doctrina nos llega la práctica del aborto, el sexo libre, el divorcio, etc. Sus adeptos proclaman que nada es inmoral en sí mismo, que no existe el bien y el mal. El humanismo secular promueve la doctrina del hedonismo, la cual considera el placer como el fin de todas las cosas.

Junto con esta doctrina, pero en una forma muy sutil y discreta, el enemigo ha introducido a través de los medios de comunicación una trampa mortal: la «manipulación mental». Antes hablamos de la manipulación científica, pero también, dentro de las distintas esferas de la comunicación, existe la manipulación. Por ejemplo, se manipula a un lector cuando en lugar de darle hechos verídicos se le presenta fantasía disfrazada de verdad.

En el aspecto de la religión, el nombre «Dios» se utiliza como un anzuelo para «motivar» a las masas y hacerles seguir a un líder. Muchas doctrinas de error utilizan este método para ganar adeptos. Por esto es que vemos multitudes, como hipnotizadas, siguiendo a un líder que en realidad no tiene nada bueno que ofrecerles.

En el aspecto de las pinturas religiosas ocurre lo mismo. Muchas veces miramos una pintura sin entender que esta esconde la expresión o el sentir de su autor. El que entra a una galería de arte se encuentra a merced de sus artistas, lo creas o no.

En el campo de la música, esta manipulación se ha hecho sentir en una forma muy especial. La música *rock* ha arrastrado a millones de jóvenes a la perdición utilizando mensajes «subliminales». Estos son mensajes escondidos, enviados al subconsciente. Los mismos penetran al subconsciente a través de la vista y el oído. Pueden ser de carácter «negativo» o «positivo», preparados en forma premeditada con el propósito de «manipular». Nuestros medios de comunicación están inundados con todo esto.

Hoy en día, puedes solicitar un casete con el mensaje que dé diversos temas y para diversos propósitos. Por ejemplo, para rebajar de peso, ser positivo, vencer el insomnio, vencer vicios, etc. Muchos se consiguen bajo el título de «comunicación mental», «utilice mensajes subliminales» o «cómo usar tu mente para hacer lo que desees».

Queremos aclarar por qué escribimos «positivo» entre comillas. En primer lugar, nada que pueda manipular tu mente o tus emociones agrada a Dios. El término «manipular» se define como «el efecto de hacerte actuar de manera que no lo harías si no mediara ese impulso».

Los medios de comunicación están siendo dominados por el enemigo, y a través de unos «hilos» muy sutiles, que son los mensajes de manipulación mental, están alejando a muchos de Dios. Es obvio que si entiendes que un mensaje es de carácter negativo, te negarás a escucharlo. Sin embargo, cuando se trata de algo positivo, antes de asegurarse de lo que es, quizá cedas y lo escuches.

Ahora, quiero que analices lo siguiente: «Supongamos que una persona tiene un problema y que con un casete de un mensaje "positivo" logra superar su crisis, ¿para qué necesita a Dios? ¿Qué lugar le daría a Dios en su vida si logró superar su problema sin Él?».

¿Qué dijimos antes acerca del humanismo secular? ¿En qué posición coloca al hombre? ¿Te das cuenta cómo te va alejando de Dios? No todos los milagros y no todo lo que nos parece bueno provienen de Dios. Con el casete del mensaje «positivo», tal vez resuelvas tu problema, ¿pero con qué vas a llenar el vacío que te quedará? ¿Con otro vicio, otro problema, con deportes? Los deportes se han constituido en el alivio psicológico de la gente, pero tu alma no la podrás llenar con deportes. Tú necesitas a Dios.

Ahora quiero que compares los títulos de algunos mensajes de este tipo (subliminales) con la Palabra de Dios.

1. «Desarrolla tu autoimagen» 2 Corintios 5:17
2. «Salud» Mateo 8:17

3. «Revitaliza el sueño»   Salmo 3:5; 4:8
4. «Cómo ser positivo»   2 Timoteo 1:7
5. «Mejora tu memoria»   1 Corintios 2:15

Del humanismo secular a la adoración satánica solo hay un paso. El plan número uno de Satanás es alejar a la humanidad de Dios. Una trampa muy sutil del enemigo de las almas es hacerle creer al hombre que él no existe, y que Dios tampoco existe. Que todo es producto de la mente, que es solo una idea ilusoria y dañina. El humanismo está propagando el ateísmo. Este se ha infiltrado en las escuelas, universidades, hogares e iglesias, y sobre todo, en los medios de comunicación masivos.

Ningún cristiano verdadero puede ser partícipe de esta filosofía; es un arma muy engañosa. ¡Tengamos mucho cuidado con lo que leemos o escuchamos! En esta época, más que en ninguna otra, es preciso que escudriñemos la Palabra de Dios y nos aferremos a ella cada día más (Juan 5:39). También la Biblia nos dice:

Para que ya no seamos niños fluctuantes, llevados por doquiera de todo viento de doctrina, por estratagema de hombres que para engañar emplean con astucia las artimañas del error.

Efesios 4:14

HIPNOTISMO

La hipnosis es otra arma muy peligrosa a la que se le ha dado mucha publicidad. También se le conoce como hipnoterapia. El hipnotismo se define como el procedimiento para producir sueño por sugestión. Esto también es manipulación mental, ya que la hipnosis te saca del consciente y te lleva al subconsciente, donde quedas a merced del manipulador o hipnotizador.

De esta forma, el manipulador puede controlar la mente y llevarla hacia el pasado, donde la víctima va respondiendo a las sugestiones del manipulador: hablando, confesando y accionando todo su pasado en la adultez, niñez e infancia. Aquí es donde Satanás entra en acción haciendo que el hipnotizador haga declaraciones contrarias a lo establecido en la Palabra de Dios, como es el caso de personas que dicen estar viviendo otras vidas bajo otros nombres y en otras regiones. Esto es una clara intromisión del diablo para engañar y confundir las mentes haciéndoles creer en la reencarnación, doctrina satánica refutada en la Palabra que dice:

Y de la manera que está establecido para los hombres que mueran una sola vez, y después de esto el juicio.
Hebreos 9:27

Este tipo de manipulación mental es un arma psicológica que se está usando aun dentro del campo de las investigaciones criminales, y por la policía. Además de esto, si lo deseas, puedes tomar un curso por correspondencia sobre hipnosis, bajo la sutileza de: ¡Cambie su vida! Incluso, es fácil conseguir material grabado sobre «autohipnosis».

Todo esto también es un arma muy peligrosa del enemigo. Cualquier estado de hipnosis prepara tu mente para recibir lo que tu manipulador quiera decirte. Este es el caso de la música *rock*. Por ejemplo, un cantante de *rock* expresó:

Puedes hipnotizar a la gente con la música rock. Cuando están en su punto más débil, puedes predicarles a sus subconscientes lo que quieras decirles.

Por esa razón, en un concierto de esta música las personas se observan la mayor parte del tiempo, durante horas, en pie y con las manos en alto, haciendo con sus dedos la señal de Satanás, y moviéndose al compás de la música o repitiendo lo que dice el cantante. Los «rockeros» utilizan el sistema de «música repetitiva estridente»; o sea, música aguda y fuera de lo normal para adormecer la mente del joven de manera que se prepare para recibir cualquier mensaje. Estos mensajes siempre son negativos e inducen a vicios, crímenes, sexo ilícito, rebeldía, violencia, etc.

Nos está invadiendo una enorme cantidad de falsas sectas y doctrinas, así como filosofías satánicas. Es el tiempo del fin y el enemigo sabe que le quedan pocas oportunidades, por lo que está lanzando toda su furia contra la humanidad a través de todos los medios de comunicación.

Tenemos conocimiento de que hay satélites que orbitan la tierra que pueden enviar mensajes subliminales a los aparatos de televisión. Por lo tanto, las personas que pasan sus buenas horas ante el televisor los están recibiendo. De acuerdo a la conclusión de las personas involucradas en dicho asunto, este es el mejor método para el hipnotismo en masa.

Cualquier persona que siga estas doctrinas, o alguna secta de error, la están preparando de manera sutil a fin de que acepte el falso mesías cuando venga.

EL FALSO PROFETA

La Biblia identifica al falso profeta como «la otra bestia». Como dijimos antes, este tendrá el control del sistema religioso apóstata más grande que haya existido jamás. No intentará buscar gloria para sí mismo, y nunca será objeto de culto o adoración. Su labor será dirigir toda la atención del mundo hacia el anticristo. Poseerá un ministerio específico durante la Gran Tribulación: forzar a la gente a adorar al anticristo. Así que tendrá poder para realizar milagros, con los que engañará al mundo, y obrará bajo el poder de Satanás. Hará que adoren la imagen del anticristo y obligará a la gente a recibir la marca de la bestia. Esta es una forma muy «sabia» para descubrir quién apoya el gobierno del anticristo y quién no, quién es creyente en Jesús y quién no. El sistema de codificación mundial descubrirá a los santos.

Este líder religioso tendrá una apariencia dócil. La Biblia dice que tenía dos cuernos semejantes a los de un cordero. Esto simboliza una falsa mansedumbre. Con esta apariencia engañará al mundo, pero la Biblia dice que hablará como dragón (Apocalipsis 13:11).

Cada una de las filosofías y doctrinas que mencionamos antes son el escenario desde donde el falso profeta hará su debut religioso durante la Gran Tribulación. Todas estas personas, preparadas ya para recibirle, le seguirán y obedecerán. Él les llevará a adorar al anticristo y a su imagen. La idolatría se practicará abiertamente.

Dios ama hasta el último hombre de la tierra (Juan 3:16). Dios ama al pecador, pero no ama el pecado. Por esto dice:

Esforzaos a entrar por la puerta angosta; porque os digo que muchos procurarán entrar, y no podrán.

Lucas 13:24

Lo triste es que la visión de muchos hoy en día es la puerta ancha, la puerta que lleva al libertinaje de pensamientos y, por tanto, al libertinaje de actitudes con respecto al reino de Dios. Para muchos, el reino de Dios es algo construido por el mismo hombre de acuerdo a sus necesidades y a su parecer. Esto le ha gustado a gran cantidad de personas, por lo que han surgido diversas líneas de pensamiento que han arrastrado a muchos. Añadamos a esto el estribillo de: «Todas las religiones son buenas y conducen a Dios». Esto es una trampa diabólica. Es obvio que esta confusión de ideas ha disminuido la capacidad de discernir entre la verdad y la mentira, entre el cristiano bíblico (el «cristiano») y la falsa doctrina. Se hace lo mismo que hacen los demás con una satisfacción y un conformismo asombroso.

CARACTERÍSTICAS DEL FALSO PROFETA

El falso profeta será también un hombre, pero un hombre posesionado totalmente por Satanás. Este hombre tendrá control sobre todo el sistema religioso durante la Gran Tribulación. Trabajará «mano a mano» con el anticristo. Con la aparición de este hombre se completará en forma atrevida una imitación de la santa Trinidad. Satanás es enemigo de Dios, pero también es su imitador, como dijimos antes, por lo que creará su propia trinidad: él, representando al Padre, el anticristo al Hijo, el falso profeta al Espíritu Santo. El falso profeta no trabajará independientemente del anticristo, sino que será su aliado:

> *Y ejerce toda la autoridad de la primera bestia en presencia de ella, y hace que la tierra y los moradores de ella adoren a la primera bestia, cuya herida mortal fue sanada.*
>
> Apocalipsis 13:12

El anticristo y el falso profeta serán las figuras centrales del mundo: el anticristo como la figura política y el falso profeta como la figura religiosa. Este hombre tendrá el poder de obrar milagros. Con señales de engaño y mentiras persuadirá al mundo a rendirle culto y adoración a la bestia. Entonces, logrará una unidad absoluta de estado religión. Este hombre tendrá sus actividades como líder absoluto del sistema religioso mundial durante la Gran Tribulación. Solo el libro del Apocalipsis nos da detalles de este hombre y sus actividades:

1. Hará descender fuego del cielo a la tierra.
2. Engañará a los moradores de la tierra con señales.
3. Mandará a los moradores de la tierra a que hagan la imagen de la bestia.
4. Infundirá aliento a la imagen de la bestia.
5. Hará señales en presencia de la bestia.
6. Hará marcar a la gente con el número 666.

El falso profeta será el que presidirá la operación «marca individual mundial». Forzará a los hombres a identificarse con la bestia por medio de esta marca que tienen que recibir todos los moradores de la tierra, ya sea en la mano derecha o en la frente. La palabra «marca» implica una impresión hecha con un sello para marcar esclavos o animales.

Como ya dijimos, los hombres se convertirán en esclavos de la bestia, y tendrán la marca de identificación de su esclavitud. Sin esta marca nadie podrá comprar ni vender. Será la señal del control económico total por este hombre y su aliado. Así que el falso profeta será el símbolo del control religioso total.

La Biblia muestra con claridad sus características, algunas de las cuales son estas:

1. Apariencia de cordero (Apocalipsis 13:11).
2. Habla como dragón (Apocalipsis 13:11).
3. Enseña idolatría (Apocalipsis 10:14).
4. Influye de un modo terrible sobre la gente (Apocalipsis 13:12).
5. Opera milagros (Apocalipsis 13:13).

LA VERDADERA IGLESIA Y SU ARREBATAMIENTO

Mientras escribimos este libro sentimos el inminente evento del Rapto o Arrebatamiento de la Iglesia de Jesucristo. Es algo que se percibe en el ambiente, y así lo confirma cada evento a nuestro alrededor. Las señales de su pronta venida están cumplidas ya. Este será el más grande evento dentro de la historia.

En Mateo 25:14-30, la Biblia nos habla de «un hombre que yéndose lejos, llamó a sus siervos y les entregó sus bienes».

Conforme a la capacidad de cada uno, les entregó talentos. «Después de mucho tiempo vino el señor de aquellos siervos, y arregló cuentas con ellos». La cercanía de estos eventos debe ser motivo de inspiración y consagración sabiendo que es tiempo *ya* de que venga el Señor. Él viene a buscar a sus hijos y lo estamos esperando. Él viene por su Novia, por su Iglesia gloriosa.

La Iglesia de Jesucristo será arrebatada de esta tierra «en un abrir y cerrar de ojos» (1 Corintios 15:52). Recordemos que la segunda venida de Jesús se realizará en dos etapas:

1. La primera venida de Jesús en la que solo vendrá hasta las nubes por los suyos. Los que se vayan serán los únicos que le verán. Se trata del Arrebatamiento de la Iglesia (1 Tesalonicenses 4:16-17).
2. La Segunda Venida será visible. En este momento, el Señor vendrá con sus redimidos y pondrá sus pies sobre la tierra. Todo ojo le verá (Apocalipsis 1:7; 19:11-14).

El Arrebatamiento de la Iglesia de nuestro Señor Jesucristo es la gloriosa y eterna victoria de la Iglesia. La Segunda Venida constituye una buena noticia, porque esta edad es una de angustia y agitación. Por esto es que la profecía bíblica en general, pero en especial la segunda venida de Cristo, tiene tanta importancia y vigencia para la situación del mundo actual. Cristo tiene que ser el tema y el objeto de nuestra predicación.

Hace años el hombre comenzó a surcar el espacio con sus viajes espaciales. Este impulso o deseo del hombre no cesará jamás, pero lo que no saben es que esto es como una alusión a lo que de veras le ocurrirá a un pueblo. El día del regreso de Jesucristo se acerca cuando Él nos librará de toda fuerza terrestre y surcaremos el espacio en un viaje glorioso donde estaremos para siempre con el Señor. Será un viaje espacial hasta la morada de Dios, y jamás nos volverán a separar de Él.

El arrebatamiento puede ocurrir en cualquier momento. Todas las señales están cumplidas ya. Después de este acontecimiento, no habrá tiempo para reflexionar. Ahora es el momento para amonestarnos y pensar de manera atenta sobre esto. Es de suma importancia que tengas una relación vital con Jesús a fin de poder escuchar su voz (1 Juan 2:28). Nuestro hombre interior tiene que ser renovado de día en día (2 Corintios 4:16-18). Este evento del Rapto marcará una separación definitiva (Mateo 24:40-41). La Iglesia será arrebatada de la tierra antes que dé comienzo la Gran Tribulación en el escenario mundial.

Recordemos que no queda ninguna profecía por cumplirse antes del Rapto. En cambio, sí quedan eventos por cumplirse antes de la segunda venida visible del Señor Jesús.

¿CUÁL ES LA IGLESIA DE JESUCRISTO?

La verdadera Iglesia de Jesucristo está compuesta de la totalidad de personas «nacidas de nuevo», tanto judíos como gentiles. Gente lavada con la sangre preciosa de Cristo. La Iglesia de Jesucristo no es una organización; es un organismo vivo formado por todos los creyentes (Juan 3:3-6). Él es la cabeza de la Iglesia, y nosotros, los nacidos de nuevo, somos su cuerpo, somos su Iglesia, y Él es nuestro bendito Salvador (Efesios 5:21-24).

¿QUIÉN SERÁ LA NOVIA DEL CORDERO?

Nosotros, la Iglesia, tenemos el llamado a luchar por llegar a ser la Novia del Cordero y, luego, su Esposa. Después del nuevo nacimiento, el Señor quiere santificar y preparar a su Novia para las bodas. Esta labor es del Espíritu Santo. Nuestra responsabilidad es la de renunciar por completo al mundo y sus deseos, apartarnos de todo lo que no le agrada a Dios. Ser la Novia del Cordero demanda una consagración total a Dios, para luego poder ser su Esposa.

Por más hermosa que sea una boda aquí en la tierra, no pasa de ser una imagen débil de lo que serán las bodas del Cordero. Sabemos cómo se esmera una novia y cómo se prepara para el día de su casamiento, aun sabiendo que todo es pasajero, que la muerte puede separarle de su amado. ¡Con cuánto más anhelo, esmero y fidelidad debemos prepararnos para ese evento glorioso! La Novia del Cordero tiene que ser algo muy especial y delicado. En Él hemos vencido la muerte, ya no habrá muerte y estaremos con Él para siempre (1 Corintios 15:50-58).

En Efesios 5:25-27, la Biblia nos dice cómo debemos prepararnos para ser la Novia del Cordero. El verso 27 nos dice: «Una iglesia gloriosa, que no tuviese mancha ni arruga ni cosa semejante, sino que fuese santa y sin mancha». Solo creyentes santificados formarán el enlace con Jesucristo, el Cordero de Dios. En Apocalipsis 21:9, un ángel le dice a Juan: «Ven acá, yo te mostraré la desposada, la esposa del Cordero».

Las Bodas del Cordero se celebrarán en el cielo. El Espíritu Santo arrebatará a la Novia de la tierra y será quien se la entregue al Señor Jesús. Este es un evento glorioso y

sublime donde Jesús será el centro de atención. Literalmente, Él estará en el centro, con todo su resplandor y
gloria, cuando le entreguen su Novia, limpia y gloriosa. La
Palabra dice:

> *Gocémonos y alegrémonos y démosle gloria; porque han
> llegado las bodas del Cordero, y su esposa se ha prepara-
> do. Y a ella se le ha concedido que se vista de lino fino,
> limpio y resplandeciente; porque el lino fino es las accio-
> nes justas de los santos.*
>
> Apocalipsis 19:7-8

La Iglesia de Jesucristo tiene que santificarse por completo:

> *Y el mismo Dios de paz os santifique por completo;
> y todo vuestro ser, espíritu, alma y cuerpo, sea guar-
> dado irreprensible para la venida de nuestro Señor
> Jesucristo.*
>
> 1 Tesalonicenses 5:23

Tal vez de este modo ahora comprendamos mejor las palabras de este pasaje:

> *Seguid la paz con todos, y la santidad, sin la cual nadie
> verá al Señor.*
>
> Hebreos 12:14

La Novia solo podrá ver el rostro del Señor si se ha san-
tificado por completo.

UN LUGAR DE TORMENTO

Hablar de este tema es duro y nada fácil. Es muy bonito hablar del amor de Dios, su perdón y salvación. Sin embargo, las Escrituras son muy claras cuando nos presentan la doctrina del infierno. Este es el destino de los perdidos y los condenados. Es un lugar que, con solo mencionarlo, produce temor. La Biblia habla sobre este lugar con tremenda seriedad. Esto nos obliga a hablar respecto a este tema y a la ira de Dios sobre los pecadores. Caminar de espaldas a Dios, o conforme a los deseos de la carne, trae consecuencias muy serias.

La teología moderna niega la existencia del infierno. Utilizando los pasajes bíblicos que hablan del amor de Dios, quieren probar que es imposible que un Dios de amor lance a su creación a un lugar de tormento. No obstante, Jesús mismo, el Autor de la vida, el Dios de amor y misericordia que vino para salvar a los pecadores de la eterna perdición fue el más grande predicador de la doctrina, y la realidad del infierno.

El Señor comenzó su ministerio terrenal predicando sobre la realidad del infierno (Mateo 5:22, 29). Con negar la existencia de este lugar no ganamos nada. Si tú no crees que exista un lugar de tormento y eterna condenación, tampoco puedes creer que exista un paraíso, un cielo de eterna gloria junto a Jesús, ya que quien predicó salvación, también predicó castigo eterno.

No podemos creer en la Biblia, y negar la existencia y realidad del infierno, pues declararíamos que Jesús, el Señor, es un engañador. La Biblia es clara y precisa cuando habla de ambos temas. Dios es santo y es justo. Hay sentencia de muerte eterna para el pecador, y victoria eterna, en la venida del Señor, para los justos y fieles.

El modernismo ha echado a un lado el infierno, catalogándolo de pasado de moda, algo no probado, procedente del paganismo y algo ideado por una mente poco culta que solo existe en la imaginación y fantasía de los hombres. Esto es una trampa del enemigo para alejar al hombre de Dios. Hay también muchos predicadores que no hablan de la realidad del infierno para no atemorizar a la gente. El mismo Señor Jesús describió el fin de los pecadores de la siguiente manera:

E irán éstos al castigo eterno, y los justos a la vida eterna.
Mateo 25:46

El apóstol Juan, bajo la dirección del Espíritu Santo, escribió:

Pero los cobardes e incrédulos, los abominables y homicidas, los fornicarios y hechiceros, los idólatras y todos los mentirosos tendrán su parte en el lago que arde con fuego y azufre, que es la muerte segunda.
Apocalipsis 21:8

Por otra parte, el apóstol Pablo, refiriéndose a los incrédulos, escribió:

Cuando se manifieste el Señor Jesús desde el cielo con los ángeles de su poder, en llama de fuego, para dar retribución a los que no conocieron a Dios, ni obedecen al

evangelio de nuestro Señor Jesucristo; los cuales sufrirán
pena de eterna perdición, excluidos de la presencia del
Señor y de la gloria de su poder.

2 Tesalonicenses 1:7-9

Podemos citar más referencias bíblicas sobre el fin de los pecadores y lo que la Biblia enseña sobre este lugar. El infierno no es sinónimo de destrucción o aniquilación, sino que, como ya señalamos, es un lugar de tormento eterno.

En una forma clara y precisa, el Señor establece la horrible certeza del infierno. Él no trata de asustarnos ni amenazarnos, sino que nos presenta la realidad y el peligro del tormento eterno, y nos señala el camino para librarnos del mismo:

Porque de tal manera amó Dios al mundo, que ha dado
a su Hijo unigénito, para que todo aquel que en él cree,
no se pierda, mas tenga vida eterna.

Juan 3:16

El infierno y el lago de fuego y azufre son dos lugares distintos. La Biblia enseña que el infierno se echará dentro del lago de fuego.

Y la muerte y el Hades fueron lanzados al lago de fuego.
Esta es la muerte segunda.

Apocalipsis 20:14

En este momento, no hay persona alguna en el lago de fuego y azufre; pero este es el lugar destinado para el que no se encuentre inscrito en el Libro de la Vida, después del juicio ante el Gran Trono Blanco:

Y el que no se halló inscrito en el libro de la vida fue lanzado al lago de fuego.

Apocalipsis 20:15

Al anticristo y al falso profeta también los lanzarán vivos al lago de fuego y azufre:

Y la bestia fue apresada, y con ella el falso profeta que había hecho delante de ella las señales con las cuales había engañado a los que recibieron la marca de la bestia, y habían adorado su imagen. Estos dos fueron lanzados vivos dentro de un lago de fuego que arde con azufre.

Apocalipsis 19:20

Al final del milenio, a Satanás también lo lanzarán al lago de fuego:

Y el diablo que los engañaba fue lanzado en el lago de fuego y azufre, donde estaban la bestia y el falso profeta; y serán atormentados día y noche por los siglos de los siglos.

Apocalipsis 20:10

Quien llega al infierno, y luego al lago de fuego, allí permanecerá para siempre. Nada ni nadie le podrá sacar. El momento de escapar es ahora por medio de Jesús:

Yo soy el camino, y la verdad, y la vida; nadie viene al Padre, sino por mí.

Juan 14:6

No hay otro medio para escapar. Aquí tienes algunos detalles de este lugar:

- Lugar de total ausencia de Dios para siempre (Mateo 25:41:46)
- Lugar de maldición (Apocalipsis 16:11)
- Lugar de tormento con fuego y azufre por los siglos (Apocalipsis 20:10)
- Lugar donde no hay descanso (Apocalipsis 14:10-11)
- Lugar preparado para el diablo y sus ángeles (Mateo 25:41)
- Lugar para el que no se halle inscrito en el «libro de la vida» (Apocalipsis 20:14-15)
- Lugar a donde irán los que no se arrepientan (Apocalipsis 21:8)
- Lugar donde habrá memoria y conciencia de lo pasado (Lucas 16:19-31)

Como mencionamos, lo que hace aún más terrible y horrendo el infierno y, más tarde el lago de fuego, es la total ausencia de Dios para siempre. Además del recuerdo de una vida de pecado y de un sinnúmero de oportunidades rechazadas para ser salvo y escapar de este tormento y lugar de maldición. El tiempo de *escapar* es ahora. El llamado a la salvación es ahora. La sangre de Cristo te limpia de todo pecado. El infierno es tan real como el paraíso. Tú decides dónde quieres pasar la eternidad. La voluntad del Señor es que todos procedan al arrepentimiento y sean salvos (2 Pedro 3:9).

El anticristo y su lugarteniente, el falso profeta, enviarán a millares a ese lugar de tormento eterno. Solo Cristo te puede librar de ese lazo en el que caerán y perecerán millares. *Ven a Jesús ahora y sálvate. ¡Pronto será tarde!*

El templo de la Tribulación

EL TABERNÁCULO

Originalmente, el tabernáculo era el lugar de la morada de Dios en medio del pueblo de Israel. Entendemos que, en sentido literal, es imposible reducir la grandeza y la presencia de Dios a un espacio. La Biblia nos dice al respecto:

> *Si bien el Altísimo no habita en templos hechos de mano, como dice el profeta: El cielo es mi trono, y la tierra el estrado de mis pies. ¿Qué casa me edificaréis? dice el Señor; ¿o cuál es el lugar de mi reposo?*
>
> Hechos 7:48-49

Sin embargo, el tabernáculo le recordaba a Israel que tenía la bendición de tener a Jehová en medio del pueblo. De esta forma Dios peregrinaba junto con ellos.

El tabernáculo se construyó con ofrendas voluntarias del pueblo, por lo que cada persona tuvo la oportunidad de dar algo. Se ha calculado que el valor de estas ofrendas, hoy día, equivaldría a más de un millón de dólares. Éxodo 36:5-7, muy bien puede ser una confirmación de lo que acabamos de expresar, ya que nos dice que el pueblo llevaba mucho más de lo que se necesitaba para la obra que Jehová mandó a hacer; tanto fue así, que Moisés tuvo que impedir que el pueblo ofrendara más.

En el monte Sinaí, Dios le dio a Moisés el diseño y los detalles para la construcción del tabernáculo. Es decir, el diseño para el tabernáculo se planificó en el cielo y se le mostró a Moisés en el monte. Moisés lo construyó exactamente como Dios se lo mostró durante los cuarenta días que estuvo allí. Como es natural, Moisés estuvo al frente de la construcción, pero Dios capacitó a hombres y mujeres para realizar la labor. Se construyó de tal forma que resultaba fácil armarlo y desarmarlo, así que era portátil para poder llevarlo de un lado a otro.

La labor de la ministración, y la de cargar el tabernáculo de un lugar a otro, eran muy delicadas y ordenadas, y los levitas tenían esta responsabilidad. Fue precisamente el pueblo de Leví el designado por Dios para este ministerio especial; y durante cuarenta años, los levitas llevaron de un lugar a otro el tabernáculo.

El tabernáculo tenía varios nombres tales como: «La tienda» (Éxodo 26:12-14), llamado así porque la cubierta exterior parecía una carpa. También se le conocía como «el tabernáculo de reunión» (Éxodo 29:42-44); y «tabernáculo del testimonio» (Éxodo 38:21), porque contenía el arca y las tablas de la ley. Por último, se le conocía como «el santuario», pues era la morada santa de Dios (Éxodo 25:8). Este tabernáculo tenía propósitos específicos:

1. Proporcionar un lugar donde Dios habitara entre su pueblo; además de recordarles a los israelitas que Dios les acompañaba en su vida de peregrinos (Éxodo 25:8).

2. Ser el centro de la vida religiosa, moral y social. La tienda se ubicaba en medio del campamento (Números 2:17). Era el lugar del sacrificio y el centro de la celebración de las fiestas nacionales.

3. Dios deseaba grabar en la mente del pueblo grandes verdades espirituales tales como: la santidad y majestad de Dios, su proximidad, y la forma de acercarse a un Dios santo.

4. Preparar a los hebreos para recibir la obra sacerdotal de Jesucristo. Los objetos y ritos del tabernáculo, también prefiguraban la verdad cristiana por venir (Hechos 8:1-2, 11; 10:1).

Este fue el templo de Israel desde su construcción en el Sinaí (Éxodo 19:1), hasta la construcción del templo de Salomón. Cuando finalizó la construcción, la nube de Jehová descansó sobre el tabernáculo como una señal visible de su presencia, y allí permaneció. Cuando Moisés intentó entrar en el Lugar Santo no pudo hacerlo. Tanto la nube como la gloria eran demasiado fuertes. La gloria del tabernáculo no residía en las cortinas magníficas, ni en el oro, ni en la plata, sino en la presencia del Dios viviente. Durante cuatrocientos años esta fue la morada de Dios entre el pueblo de Israel.

EL TEMPLO DE SALOMÓN

La edificación del templo de Salomón tal vez fuera el logro más importante que alcanzó durante su reinado. Comprendió lo importante que era tener un solo centro de adoración. Dios le dijo que Él escogió un lugar en la tierra para poner su nombre (Deuteronomio 12:2-7); es decir, para revelarse a su pueblo. Si los sacrificios se limitaban al templo de Jerusalén, disminuiría la tentación de sacrificar en los lugares altos y les mostraría a las otras naciones que Israel solo adoraba a un Dios.

Las circunstancias eran propicias para llevar a cabo el anhelo de David, la construcción del templo, pues había paz (1 Reyes 5:3-4). David quiso construirlo, pero aunque fue un hombre conforme al corazón de Dios, y a pesar de que era el rey, también era un ser humano con las fallas y debilidades que tenemos todos. Dios mismo le negó este privilegio, por cuanto era hombre de guerra (1 Crónicas 22:8). Aunque David no tuvo el derecho de edificar el templo, comenzó a preparar el material que se utilizaría para llevar a cabo la obra (1 Crónicas 22:2-5). La construcción dio comienzo cuatro años después de la muerte del rey poeta.

Jehová escogió a Jerusalén como sede donde se levantaría el templo. Esta sería su ciudad, la Sion amada, el lugar de reunión del pueblo de Israel. El sitio particular para llevar a cabo el proyecto fue el monte Moriah; el mismo lugar donde Abraham estuvo a punto de sacrificar a su hijo Isaac como ofrenda a Jehová. Lugar ahora llamado la Cúpula de la Roca, justo debajo del centro de la actual mezquita islámica. El terreno estaba situado en algún punto en la línea que dividía la tribu de Judá de la de Benjamín.

Como indicamos, el plan y todo el modelo del edificio fueron ideados por el propio Dios, el gran Arquitecto del universo; y siguieron estrictamente el diseño divino, con la excepción de que sus dimensiones fueron mayores. Salomón puso los cimientos en el año 1011 a. C., alrededor de cuatrocientos ochenta años después del éxodo. Su construcción duró siete años. Cada parte se preparaba lejos del sitio, y se colocaba en su lugar sin sonido de martillo ni de herramienta alguna (1 Reyes 6:7).

Para llevar a cabo la obra, Salomón obtuvo la ayuda del rey Hiram de Tiro. Este rey le envió a Salomón su más famoso arquitecto, a Hiram-abi, al frente de ciento cincuenta y tres mil obreros que se clasificaron en tres categorías: aprendices, compañeros y maestros.

El templo se hizo de grandes piedras, y de vigas y tablas de cedro recubiertas de oro (1 Reyes 6:14-22). Los costos del oro, la plata y demás materiales usados en su construcción fluctuaron desde dos hasta cinco billones de dólares. El templo contenía el Arca del Pacto, que rescató David, y que era el símbolo de la alianza entre Dios y su pueblo. Además, representaba el honor nacional. El templo de Salomón estuvo en pie unos cuatrocientos años (970-586 a. C.). El magnífico templo lo destruyeron. Los conquistadores se llevaron el oro y todo el material valioso del templo, dejando solo ruinas y devastación.

EL TEMPLO DE ZOROBABEL

Bajo muchas demoras y dificultades, este templo lo construyeron los exiliados judíos cuando regresaron de Babilonia. La empresa se realizó bajo la dirección de Zorobabel, príncipe de la casa real de David. Aunque el templo era, en esencia, como el primero, no así su magnificencia. No había comparación posible en cuanto al lujo y la calidad arquitectónica.

De acuerdo a la Biblia, en Esdras 3:1-7, lo primero que se restauró de este templo fue el altar:

Y edificaron el altar del Dios de Israel, para ofrecer sobre él holocaustos.

Esdras 3:2

El pueblo restauró primero su adoración personal con Jehová, entendiendo que esto era más importante que la casa de adoración. También comenzaron a celebrar todas las fiestas, cuando aún los cimientos del templo no se habían levantado (Esdras 3:45). Según la historia, el Lugar Santísimo estaba vacío y los babilonios habían destruido el Arca del Pacto; y en el Lugar Santo solo había un candelero con siete brazos de oro.

Este fue el templo que el rey seléucida Antíoco Epífanes saqueó y profanó con la abominación desoladora. Colocó una estatua de Zeus, dios principal de la mitología griega identificado con el Júpiter de los romanos, ante la cual ordenó que se ofrecieran sacrificios de cerdos, animales inmundos para los judíos (Daniel 8:12-14; Levítico 11:7).

Los más ancianos que vieron el primer templo lloraban al ver este tan insignificante, comparado con el primero. Otros, en cambio, daban grandes gritos de alegría (Esdras 3:12-13). El templo se reconstruyó en cuatro años (520-516 a. C.) y se consagró en medio de gran regocijo. Duró quinientos años y se sustituyó por el de Herodes.

EL TEMPLO DE HERODES

Consistió en un embellecimiento del templo de Zorobabel, pero con un contraste tan marcado que hacía una gran diferencia entre ambos. En el año 19 a. C. comenzó a realizarse el trabajo del templo, ordenado por Herodes. En los días de Jesús aún no estaba terminado. El trabajo principal duró nueve años. Se terminó en el año 64 d. C., seis años antes de que lo destruyeran los romanos. Este templo era la admiración del pueblo y fue contra este templo que el Señor lanzó su profecía de que lo destruirían (Marcos 13:1-2). Entonces, en el año 70 d. C., los romanos destruyeron el templo al mando del general Tito. Las tropas de este general entraron a Jerusalén y la destruyeron de nuevo. Además, arrasaron el templo hasta sus cimientos, tal como lo predijo Cristo, pues no quedó piedra sobre piedra (Mateo 24:2).

El templo tenía la misma estructura básica del templo de Salomón, pero era mucho más grande. Su grandeza de mármol y oro era indescriptible. Las terrazas incluían tres atrios. El primero era accesible a todos; se le llamaba el «atrio de los gentiles». Este contaba con hermosos pórticos como el llamado «pórtico de Salomón» (Juan 10:23; Hechos 3:11).

El segundo atrio, el «atrio interior», se reservaba para los judíos. Se dividía en dos partes: el atrio de las mujeres y el atrio de los hombres. También estaba el tercer atrio, «el atrio de los sacerdotes», donde se encontraba el altar de los holocaustos.

En la parte más recóndita del edificio estaba el templo con las tres partes tradicionales: el vestíbulo, el Lugar Santo y el Lugar Santísimo.

En el sector del atrio de los gentiles estaba el mercado de animales para el sacrificio y el de cambio de monedas para las ofrendas del templo; lo que suscitó la ira de Jesús (Juan 2:13-22). Este fue, precisamente, el templo que visitó Cristo.

El templo sencillo de los judíos, construido cuando regresaron a Jerusalén después del exilio, lo sustituyó un magnífico edificio ordenado por Herodes el Grande.

EL TEMPLO DE LA TRIBULACIÓN

La pregunta que permea el ambiente en este tiempo final es: ¿Cuándo y dónde se construirá el templo de Jerusalén? Esta pregunta ha despertado gran interés, tanto de cristianos como de judíos. Muchos judíos creen que la construcción del templo acelera la venida del Mesías. Otros creen que Él construirá el templo cuando venga.

El pueblo cristiano también está interesado en el cumplimiento de la profecía bíblica concerniente al templo y al anticristo. Como señalamos antes, y como ilustra la historia, los babilonios destruyeron el templo de Salomón en el año 586 a. C., y el templo de Herodes, el segundo templo, lo destruyeron los romanos en el año 70 d. C. Por lo tanto, en la actualidad, Israel tiene el deseo de construir su templo y restaurar la adoración bíblica a Jehová. Como es natural, Israel tiene las sinagogas como lugar de adoración, pero les falta el templo bíblico.

Los judíos creen que las enormes piedras del muro occidental en Israel, el Muro de las Lamentaciones o Muro de los Lamentos, son los muros originales del templo antiguo. Allí lloran, y oran por la paz de Jerusalén y la pronta venida del Mesías. Sin embargo, no saben que cuando tengan su tan deseado templo, quien se sentará en el mismo será el anticristo, el falso mesías (2 Tesalonicenses 2:3-4). El Señor Jesucristo nunca se sentará en ese templo.

Este será el «Templo de la Tribulación». Este pasaje es como una paradoja:

En el mundo estaba, y el mundo por él fue hecho; pero el mundo no le conoció. A lo suyo vino, y los suyos no le recibieron.

Juan 1:10-11

En cambio, recibirán y aclamarán al anticristo como el Mesías prometido. Se cumple la Palabra del Señor:

Yo he venido en nombre de mi Padre, y no me recibís; si otro viniere en su propio nombre, a ése recibiréis.

Juan 5:43

La profecía del apóstol Pablo sobre el anticristo y el templo está a punto de cumplirse:

Nadie os engañe en ninguna manera; porque no vendrá sin que antes venga la apostasía, y se manifieste el hombre de pecado, el hijo de perdición, el cual se opone y se levanta contra todo lo que se llama Dios o es objeto de culto; tanto que se sienta en el templo de Dios como Dios, haciéndose pasar por Dios.

2 Tesalonicenses 2:3-4

Pablo expresó estas palabras hace unos dos mil años y, en 1960, los judíos ni siquiera tenían a Jerusalén, mucho menos un templo. Entonces, ¿cómo se podría cumplir una promesa como esa?

LA GUERRA DE LOS SEIS DÍAS

En el año 1967, los judíos reconquistaron a Jerusalén. El 8 de junio de ese año, Jerusalén pasó por entero al dominio israelí. Durante esta guerra, Egipto, Siria, Jordania e Irak atacaron a Israel. Dios aún está con Israel, y a la nación israelí le informaron sobre las actividades militares de estos países, por lo que pudo atacar primero.

El gobierno egipcio tenía planeado la destrucción del Estado judío. Incluso, otros gobiernos pusieron sus tropas al servicio de este gobierno con el mismo propósito. En cambio, olvidaron quién es el Dios de Israel. Fueron seis días de miedo e incertidumbre para todo el mundo. Las sorpresas fueron grandes y la humillación para el enemigo de Israel fue terrible. El enemigo veía todo desde el punto de vista humano, y actuaron conforme a la lógica humana.

En estos seis días de guerra el enemigo perdió alrededor de veinte mil hombres y millones de dólares en armamentos y material bélico, mientras que Israel solo perdió setecientos soldados.

Israel actuó con valentía y conquistó cuatro veces el territorio de su país. Ocupó las alturas de Golán, Gaza, el Sinaí y la parte antigua de Jerusalén, donde se encuentra el Muro de los Lamentos y la margen occidental. Esta guerra duró seis días. Al octavo día, Israel reconquistó la Ciudad Vieja de Jerusalén por primera vez desde el año 70 d. C. Así, Jerusalén se unificó y la ciudad entera vino a ser la capital del Estado de Israel, al igual que el remanente del gran templo de Herodes en Jerusalén. Dentro de estos muros estuvieron el Mesías verdadero y los antiguos sacerdotes del judaísmo bíblico.

El décimo día, todos aceptaron abandonar las armas como resultado de la presión ejercida por las grandes potencias. Jehová peleó la batalla por Israel. Hay testimonios y testigos sobre el hecho. Un soldado egipcio testifica que él y sus compañeros vieron ángeles al lado de los israelíes. Algunos paracaidistas israelíes salieron con la misión de desalojar al enemigo de una posición estratégica, y llegaron al lugar como turistas porque los egipcios huyeron sin disparar un solo tiro.

Jehová, el Dios Todopoderoso, luchó por su pequeña nación, pues de no haber sido así, nunca habrían vencido, ya que la desproporción de los ejércitos era marcada.

Pues no es difícil para Jehová salvar con muchos o con pocos.

1 Samuel 14:6

Las cosas suceden en el orden de Dios. Jerusalén está ahora en manos de los judíos.

EL LUGAR DEL TEMPLO

La ubicación exacta del templo es todavía un misterio. Sin embargo, hay dos teorías. Cada arqueólogo y erudito tiene su propia especulación acerca de dónde se construirá el tercer templo de Jerusalén. Una de las teorías es que el lugar es justo donde está la Cúpula de la Roca, lugar sagrado de los musulmanes. Esta construcción tiene unos trescientos años.

Desde que alguien dio por sentado que el templo estaba localizado sobre el mismo sitio que la Cúpula de la Roca, muchos han estado esperando con ansiedad que ocurra algún desastre y destruya la cúpula, de manera que el templo pueda construirse en ese lugar. Sin embargo, el pueblo de Israel nunca tocará ese lugar para construir el templo, ya que hay una ley judía que prohíbe a cualquier judío tocar un lugar sagrado de otra religión. Otra teoría dice que el templo se construirá al lado norte de la Cúpula de la Roca. De esta manera no se tocaría dicho edificio para nada, evitando así una posible confrontación entre judíos y musulmanes. Este lugar se llama la Cúpula de los Vientos o de los espíritus.

Veamos una referencia bíblica. Cuando David desobedeció a Jehová y censó al pueblo, Dios le envió una plaga al pueblo como castigo. Entonces, David compró la era de Ornán, donde levantó altar a Jehová. Ornán quiso regalarle la era a David, pero este no quiso, sino que insistió en pagarla (1 Crónicas 21:22-27). De esta manera, David estableció su derecho sobre esta propiedad. Si este es el lugar donde Israel debe construir su tan anhelado templo, le pertenece a Israel por derecho de compra, y no por conquista o regalo.

Este título de propiedad todavía está vigente; la Palabra de Dios permanece fiel. Este es el lugar donde ahora mismo los musulmanes tienen su lugar sagrado de adoración; es decir, la Mezquita de Omar. La única razón por la que Israel les permite a los musulmanes tener su mezquita en ese lugar es por preservar la paz.

En una ocasión, un hombre, queriendo ayudar a Dios y a Israel a construir su templo, incendió la Mezquita de Al-Aqsa para que, de esta manera, dejarles libre el lugar a los israelíes. Esto trajo como consecuencia que los musulmanes pensaran en un sistema de cisternas más grande para evitar futuras tragedias.

Durante las excavaciones, encontraron toda una hilera de grandes bloques de piedra a manera de una muralla. Un arqueólogo judío comenzó a hacer estudios sobre el hallazgo, pero durante una semana en que solicitó ayuda de otros arqueólogos, las autoridades musulmanas ordenaron continuar el trabajo sin ninguna preocupación por el hallazgo.

Cabe la posibilidad de que el lugar del templo no sea justo el de la mezquita, como opina un físico judío. De acuerdo a sus investigaciones, el lugar del templo original, y más tarde el templo de Herodes, puede ubicarse sobre cien metros al noreste de la Cúpula de la Roca. Este judío utilizó antiguos escritos judíos, medidas antiguas de cortes de piedras, paredes, sistemas y fotografías aéreas, a fin de verificar su argumento.

Ahora mismo el problema básico es que los musulmanes tienen el control completo del Monte del Templo. Reclaman el lugar porque son descendientes de Ismael. Además, alegan que no fue Isaac, sino Ismael, el hijo que Abraham le ofreció a Dios; por lo que no hay oportunidad de que los arqueólogos judíos puedan excavar en el Monte del Templo. Saben que cualquier cosa que pueda ocurrir que cambie la situación del templo, puede ocasionar una guerra «santa».

Hasta ahora, ninguna excavación ha revelado fragmento alguno del edificio original del templo. Solo han sobrevivido, de una forma u otra, estructuras que se construyeron alrededor del templo (Lucas 21:5-6). Los restos más importantes de estas estructuras son las paredes que circundaban el templo, como el Muro de los Lamentos. Cabe la posibilidad de que la construcción del templo pueda estar en preparación secreta, y que Israel tenga conocimiento del lugar seguro de la construcción. Sabemos que en la sección judía de Jerusalén, jóvenes levitas están estudiando los rollos del templo y demás escritos, preparándose para la construcción del templo y la ministración en el mismo.

Si es evidente el lugar del templo, los sacerdotes están preparados y se cuenta con los fondos necesarios para la construcción, ¿qué los detiene? Si el pueblo de Israel construye su templo ahora, en medio de la crisis existente y con el problema antisemítico tan marcado que existe, se interrumpiría su construcción y provocaría una guerra. Por lo que es preciso que haya un período de paz entre las naciones antes que Israel pueda construir su templo, y volver a los sacrificios y ofrendas, como en el tiempo del Antiguo Testamento.

Nosotros, el pueblo nacido de nuevo, el pueblo salvo, que espera el Rapto de la Iglesia, no podemos tomar este evento como una señal, para entonces decir: «¡Ahora viene el Señor!». Tal vez nosotros nunca veamos el templo.

EL ANTICRISTO Y EL TEMPLO

Ahora mismo, el gran anhelo de los israelíes es la construcción del templo de Jerusalén. Es posible que se construya con los métodos de arquitectura más modernos que tenemos hoy en día. Será el tercer templo en Jerusalén, y el escenario del acto final del drama de Dios sobre la tierra. Es el templo donde la abominación desoladora, de la cual habló el Señor en Mateo 24, tendrá lugar cuando el anticristo se proclame dios y exija adoración.

Los judíos estarán de acuerdo con el anticristo hasta que este se acerque al templo. El pueblo judío, y el mundo entero, estarán agradecidos de este hombre por haber arreglado la situación económica mundial y por traer la paz. Sin embargo, esto culminará cuando este hombre, con gran atrevimiento, entre en el templo. Ordenará colocar un trono en el santuario del templo de Jerusalén y se sentará allí haciéndose pasar por Dios. Reclamará la adoración como si estuviera en un nivel más alto que Dios mismo. Se declarará dios todopoderoso. Esta será la mecha que encenderá la guerra final. Los judíos no tolerarán esta profanación; se pondrán en pie de guerra y lucharán.

Es de nuestro conocimiento que Israel firmará un tratado de paz con el anticristo. Caerá en el engaño del enemigo una vez más; se sentirán seguros de esta paz. Ahora, cabe preguntar, ¿será bajo la paz del anticristo que Israel construirá su templo y restaurará los sacrificios? No lo sabemos; pero sí podemos decir con toda seguridad que el sitio del templo está listo para desempeñar el papel más importante y grandioso de la historia de Israel.

Es como una ironía; un nuevo templo espléndido, igual a los templos antiguos, a las antiguas moradas de Dios, se construirá para contener y presentar al monstruo más bestial que el mundo haya conocido jamás (2 Tesalonicenses 2:1-12). Un líder mundial poderoso y comprometedor que propondrá una fórmula de paz para Israel y que, a la larga, se convertirá en un dictador terrible. Involucrará al mundo entero en una guerra como nunca nos hayamos podido imaginar. Las guerras pasadas y presentes juntas no podrán compararse a este holocausto mundial que está por venir.

Israel vivirá los momentos más trágicos y terribles de toda su historia. El profeta Isaías previno a Israel acerca de este error terrible que van a cometer. Dijo que harían pacto con el infierno y convenio con la muerte (Isaías 28:15-18). Esto les va a costar la salvación a millares de judíos. Aun así, harán el pacto, porque todo el que se mueve de espaldas a Dios, en desobediencia, cae en las garras del enemigo.

Dios amonestó a Israel para que se volviera a la senda antigua, para que se volviera a Él, pero Israel no obedeció, sino que continuó su camino.

> *Así dijo Jehová: Paraos en los caminos, y mirad, y preguntad por las sendas antiguas, cuál sea el buen camino, y andad por él, y hallaréis descanso para vuestra alma. Mas dijeron: No andaremos.*
>
> Jeremías 6:16

Esto les llevó a caer bajo el juicio más grande en que nación alguna haya caído jamás. Aún hoy en día sufren el oprobio de otros países por ser un pueblo sin paz. Así que todavía les resta sufrir la humillación más grande, cuando se den cuenta de que el Mesías que tanto esperaban, ya vino, pero que le rechazaron. Incluso, que su lugar lo ocupó el hijo de perdición, una criatura infernal, por lo que, una vez más, los engañarían por causa de su desobediencia.

Solo falta un evento por cumplirse para que este hombre, el anticristo, pueda darse a conocer y tomar dominio de todo; ese evento es: ¡El Rapto de la Iglesia! Después del Rapto, la tierra experimentará los días terribles de la Gran Tribulación, con juicios y dolor como nunca antes. Prepárate para el encuentro con Jesucristo, el Hijo de Dios. Cristo es la senda antigua, el buen camino; síguelo a Él y escapa para siempre de la terrible condenación.

Israel, un pueblo elegido

srael es un milagro de Dios desde sus comienzos. Su origen es divino. Solo por el amor de Dios, Israel es aún pueblo; y solo por la fidelidad del pacto de Dios con Abraham, Isaac y Jacob, a Israel no lo han destruido. Jehová Dios no eligió a Israel por ser una nación grande, sino porque era la más pequeña de todas y Él quiso amarla. Así lo leemos en la Palabra:

Porque tú eres pueblo santo para Jehová tu Dios; Jehová tu Dios te ha escogido para serle un pueblo especial, más que todos los pueblos que están sobre la tierra. No por ser vosotros más que todos los pueblos os ha querido Jehová y os ha escogido, pues vosotros erais el más insignificante de todos los pueblos; sino por cuanto Jehová os amó, y quiso guardar el juramento que juró a vuestros padres, os ha sacado Jehová con mano poderosa, y os ha rescatado de servidumbre, de la mano de Faraón rey de Egipto.

Deuteronomio 7:6-8

Israel ha sido un pueblo cuya fe se ha probado desde el principio. Nacido de una mujer estéril de noventa años y de un hombre de cien años:

Se rio, pues, Sara entre sí, diciendo: ¿Después que he envejecido tendré deleite, siendo también mi señor ya viejo?
Génesis 18:12

Dios hace que lo imposible sea posible. Acerca de Isaac, el autor de Hebreos nos aclara:

De uno, y ése ya casi muerto, salieron como las estrellas del cielo en multitud, y como la arena innumerable que está a la orilla del mar.
Hebreos 11:12

Cuando Dios habló con Abraham, le dijo:

Ten por cierto que tu descendencia morará en tierra ajena, y será esclava allí, y será oprimida cuatrocientos años. Mas también a la nación a la cual servirán, juzgaré yo; y después de esto saldrán con gran riqueza.
Génesis 15:13-14

De Isaac nacen dos gemelos: Esaú y Jacob, pero Esaú fue el primogénito, ya que nació primero. Sin embargo, este vendió su primogenitura a Jacob con juramento. Así menospreció lo que por derecho le correspondía. Luego Jacob, con engaño, robó la bendición de Isaac que también le correspondía a Esaú por haber nacido primero. A consecuencia de esto, Jacob tiene que huir de su hermano Esaú, pues este quería matarlo.

Al final de una larga jornada, Dios llama a Jacob y tiene que volver. A su regreso, tiene un encuentro con un personaje que resultó ser una manifestación de Dios, el cual luchó con él en Peniel (Génesis 32:22-32). Jacob luchó por su bendición y la obtuvo:

Y el varón le dijo: ¿Cuál es tu nombre? Y él respondió: Jacob. Y el varón le dijo: No se dirá más tu nombre Jacob, sino Israel; porque has luchado con Dios y con los hombres, y has vencido.

Génesis 32:27-28

El cambio de nombre de Jacob implica también un cambio de carácter. «Jacob» significa «engañador», y en los años en que estuvo trabajando con su pariente Labán, este lo engañó también. El hecho de que el varón le descoyuntó el muslo a Jacob mientras luchaba con él, implica la derrota del «yo» de Jacob y su quebrantamiento de espíritu. Por lo tanto, cuando se encuentra con su hermano Esaú, a quien engañó y robó, lejos de haber un conflicto, hubo humillación.

Alzando Jacob sus ojos, miró, y he aquí venía Esaú, y los cuatrocientos hombres con él; entonces repartió él los niños entre Lea y Raquel y las dos siervas [...] Y él pasó delante de ellos y se inclinó a tierra siete veces, hasta que llegó a su hermano. Pero Esaú corrió a su encuentro y le abrazó, y se echó sobre su cuello, y le besó; y lloraron.

Génesis 33:1, 3-4

De Jacob descienden las doce tribus, pues tuvo doce hijos que le nacieron durante el tiempo en que huía de Esaú.

EN EGIPTO

En Canaán se desató una hambruna y la Biblia nos narra cómo se produjo la salida hacia Egipto:

> *Salió Israel con todo lo que tenía, y vino a Beerseba, y ofreció sacrificios al Dios de su padre Isaac. Y habló Dios a Israel en visiones de noche, y dijo: Jacob, Jacob. Y él respondió: Heme aquí. Y dijo: Yo soy Dios, el Dios de tu padre; no temas de descender a Egipto, porque allí yo haré de ti una gran nación [...] Todas las personas de la casa de Jacob, que entraron en Egipto, fueron setenta.*
> Génesis 46:1-3, 27

El tiempo que los hijos de Israel habitaron en Egipto fue de cuatrocientos treinta años (Éxodo 12:40), cuatrocientos de los cuales fueron en esclavitud (Génesis 15:13). En Gosén murió Jacob, después de bendecir a sus hijos. También murió José a los ciento diez años de edad (Génesis 49:33; 50:26).

MOISÉS, EL CAUDILLO

Cuando Dios llamó a Moisés, ya Israel era un enorme pueblo esclavo en tierra de Egipto. Había crecido en gran manera; eran alrededor de seiscientos mil varones (Éxodo 12:37). Entonces, Moisés recibió uno de los llamados más difíciles que se conocen. Tuvo la responsabilidad de tomar a toda una raza de esclavos y, bajo circunstancias difíciles de expresar, sacarla de Egipto, la nación más poderosa de la época. Este evento fue en medio de prodigios y milagros de parte de Dios. Bajo el mando de este caudillo, el pueblo fue testigo de milagros y portentos.

La rebeldía y las protestas siempre han caracterizado al pueblo de Israel. La severidad del camino les ponía rebeldes, y dudaban de la presencia y la protección de Dios (Éxodo 17:7). Aun después de ser testigos de tantos milagros, y de que con mano fuerte Dios los sacó de la esclavitud, camino a la Tierra Prometida, en el desierto, el pueblo se desanima y comienza a quejarse. Sus ojos más bien estaban puestos en Egipto que en las promesas de Dios. No entendían que toda murmuración iba en contra de Dios y no en contra de Moisés (Éxodo 16:8).

EN EL MONTE NEBO

Hay un detalle muy triste en la vida de Moisés que fue el hombre más prominente del mundo precristiano. De seguro que es un hombre clave en la historia de Israel.

> *Moisés era muy manso, más que todos los hombres que había sobre la tierra.*
>
> Números 12:3

Además, fue un hombre que aceptó el llamado de Dios a los ochenta años (Éxodo 3; 7:7), y lo honró, respondiendo con un celo único. Fue el hombre que habló cara a cara con Dios, como habla cualquiera con un amigo (Éxodo 33:11). El hombre que cuando el pueblo se entregó a la idolatría, se ofreció a sí mismo como ofrenda de inmolación en lugar de los rebeldes (Éxodo 32:31); y no descansó hasta que el Señor prometió ir con el pueblo.

También fue el hombre a quien Dios no le permitió entrar a la Tierra Prometida, sino solo verla de lejos, desde el monte Nebo, donde también murió y fue unido a su pueblo.

> *Y habló Jehová a Moisés aquel mismo día, diciendo: Sube a este monte de Abarim, al monte Nebo, situado en la tierra de Moab que está frente a Jericó, y mira la tierra de Canaán, que yo doy por heredad a los hijos de Israel; y muere en el monte al cual subes, y sé unido a tu pueblo, así como murió Aarón tu hermano en el monte Hor, y fue unido a su pueblo; por cuanto pecasteis contra mí en medio de los hijos de Israel en las aguas de Meriba de Cades, en el desierto de Zin; porque no me santificasteis en medio de los hijos de Israel. Verás, por tanto, delante de ti la tierra; mas no entrarás allá, a la tierra que doy a los hijos de Israel.*
>
> Deuteronomio 32:48-52

Para esto solo hay una respuesta: Dios es inflexible en su justicia.

LA TIERRA PROMETIDA

Ahora Israel se encuentra preparado para entrar a la Tierra Prometida, ya no bajo el mando de Moisés, sino el de Josué. El libro de Éxodo nos dice que Josué era «servidor» de Moisés (33:11), su «lugarteniente» en la guerra de Refidim (17:9), y el libro de Números señala que era un «varón en el cual hay espíritu» (27:18); es decir, «un hombre lleno del Espíritu Santo de Dios».

Josué era un hombre práctico, de carácter firme, valiente y lleno de fe. Fue uno de los doce espías que mantuvo su testimonio de que, con la ayuda de Dios, los israelitas serían capaces de conquistar la Tierra Prometida (Números 14:6-9).

Entre los israelitas y la Tierra Prometida estaba el río Jordán. Una vez más Dios mostró su gloria. A los israelitas los guiaba el arca, la cual llevaban los sacerdotes. El arca representaba la presencia de Dios en medio del pueblo. Los hijos de Israel cruzaron el río Jordán y acamparon en Gilgal. Aquí se circuncidaron a los varones de Israel, a los nacidos durante los años en el desierto. La circuncisión era la señal de que eran el pueblo del Pacto (Génesis 17:7-14). También se celebró la Pascua, y el maná cesó al día siguiente (Josué 5:1-12).

Dios comisionó a Josué para conquistar a Canaán y repartir la tierra entre las tribus. Dios permanece fiel a su Palabra y, a través de Josué, se cumple la promesa que Él les hizo a los patriarcas de llevarlos a la Tierra Prometida.

GOBIERNOS DE ISRAEL

En un principio, el gobierno de los hijos de Israel era teocrático. Aunque los ancianos gobernaban y juzgaban, el Todopoderoso era quien decía la última palabra. También estaban los jueces, quienes actuaban más como libertadores. Cuando el pueblo se apartaba de Dios y caía bajo la opresión de sus enemigos, Dios levantaba jueces para librarlos.

Con Samuel, un hombre también clave en la historia de Israel, cambia el sistema de gobierno. Bajo el ministerio profético de Samuel fue que el pueblo se rebeló y pidió un rey. El pueblo no entendía que no desechaba a Samuel, sino a Dios.

> *Y dijo Jehová a Samuel: Oye la voz del pueblo en todo lo que te digan; porque no te han desechado a ti, sino a mí me han desechado, para que no reine sobre ellos.*
>
> 1 Samuel 8:7

Aunque Samuel les explicó lo que les exigiría un rey, el pueblo insistió en que quería un rey como las demás naciones. Entonces, por orden divina, Samuel unge a Saúl por rey. Israel solo tuvo tres reyes como nación unida: Saúl, David y Salomón. Cada reinado duró cuarenta años. A la muerte de Salomón, el reino se dividió en dos:

1. Israel, al norte con diez tribus, y Samaria como capital.
2. Judá, al sur con dos tribus, y Jerusalén como capital.

Jeroboam, rey del norte, temiendo que el pueblo se apartara de sus dominios, debido a que tenían que subir al templo en Jerusalén, cometió el grave error de construir dos ídolos imitando la religión pagana. Así que invitó al pueblo a adorarlos, atribuyéndoles la gloria de haber sacado al pueblo de Egipto. Además, cambió las fiestas sagradas ordenadas por Jehová, y nombró como sacerdotes a personas que no eran de la tribu de Leví.

De esta forma, Jeroboam llevó de nuevo al pueblo a la idolatría, después que Dios les había amonestado fuertemente por ese pecado, ¡y a pesar de cuánto habían sufrido y padecido a consecuencia de esto! El reino del sur, en cambio, se mantuvo en el trono conforme a la promesa de Dios a David. El culto a Jehová en el templo fue un factor clave para mantenerle en pie, aunque muchas veces recibió la influencia del reino del norte.

Dios levantó profetas como Eliseo, Elías, Isaías, etc., y reyes como Ezequías y otros, para sacarles de la idolatría y librarles del castigo, pero el pueblo estaba endurecido.

Manasés fue uno de los reyes más perversos que tuvo Israel. Este hundió al pueblo en una idolatría y paganismo terrible (2 Crónicas 33). Luego, bajo el reinado de Nabucodonosor, el pueblo fue llevado en cautiverio a Babilonia en varias ocasiones. La última vez estuvo cautivo en esta nación durante setenta años. El templo y toda Jerusalén quedaron destruidos (2 Crónicas 36:17-21).

Entonces, Esdras y Nehemías entraron en escena. Después de la caída del Imperio babilónico, Ciro, el nuevo emperador, autorizó a los judíos a regresar a su tierra, y a reconstruir la ciudad de Jerusalén y el templo. Bajo su reinado se pusieron los fundamentos del segundo templo, y bajo el reinado de Artajerjes se edificaron los muros alrededor del templo.

EL MESÍAS

Con el supremo acontecimiento de la venida de Jesucristo al mundo durante la época romana, se inicia la era cristiana. El anhelo del pueblo judío por su Mesías es de veras una paradoja. De seguro que Él, por cuya llegada suspiraba el pueblo de Israel, vino a este mundo hace dos mil años en la persona de Jesús de Nazaret. ¿Por qué no le reconocieron y le aceptaron? Israel es un pueblo celoso de Dios, celoso de sus leyes, de su forma de comer y de trabajar, y muy celoso con su sábado. Tal vez por temor a faltarle a Dios, llegaron al extremo de ser «demasiado cuidadosos».

Por otro lado, los judíos de la época de Jesús querían ver en su Mesías a alguien que cumpliera todas las predicciones referentes a un gran libertador y rey. Todo lo que habían conocido durante siglos era el sufrimiento y la persecución. Por esta razón anhelaban libertad y seguridad. Tenían tanta ceguera espiritual que solo pudieron ver en Jesús a un hombre que se hacía pasar por Hijo de Dios y que sanaba en sábado. Es más, Israel dictó sentencia contra el verdadero Mesías, pues le dieron la espalda y le crucificaron después de pronunciar el juicio más terrible contra sí mismos:

Y respondiendo todo el pueblo, dijo: Su sangre sea sobre nosotros, y sobre nuestros hijos.

Mateo 27:25

EL HOLOCAUSTO

La rebeldía y la desobediencia de Israel les han llevado a sufrir lo indecible. La Palabra de Dios se cumplió literalmente.

Y caerán a filo de espada, y serán llevados cautivos a todas las naciones; y Jerusalén será hollada por los gentiles, hasta que los tiempos de los gentiles se cumplan.

Lucas 21:24

A los hijos de Israel los dispersaron por todo el mundo, y sufrieron la vergüenza de vivir expatriados. En distintas épocas históricas, a Israel lo han humillado. Se les han aplicado las prácticas más injustas. El fanatismo religioso le ha perseguido y atormentado, y han muerto en la forma más indigna e inhumana. Sin embargo, bajo el régimen nazi fue que Israel sufrió la máxima humillación y persecución. Debido a la demencia de Adolfo Hitler perecieron unos seis millones de judíos.

Cuando terminó la Segunda Guerra Mundial en 1945, el mundo quedó entristecido y horrorizado al escuchar los relatos sobre el holocausto nazi. La persecución nazi hacia los judíos comenzó con presiones económicas. Se les prohibió asumir puestos de alto rango, tanto en la política como en la ciencia, y otras esferas públicas. Se les consideraba ciudadanos de «sangre impura» y de un estatus inferior. Se les prohibió casarse con alemanes y se les negaba la defensa legal. Además, los alemanes se apoderaron de sus posesiones.

Para la última mitad de la Segunda Guerra Mundial, ya Hitler tenía planificada su total exterminación. Trazó un plan para lo que se denominó la «solución final». Este consistía en varias formas de exterminar a los judíos. Les llevaban al campo y se les ordenaba hacer pozos que, después de fusilarlos, se convertirían en sus fosas. Se les enviaba a barrios llamados «guetos», a fin de aislarlos del resto del país, y socavar su moral sin permitirles la autodefensa.

Un gran número de judíos murió por inanición. Se les llevaba a campos de concentración donde se les destruía de manera física y psicológica. Miles murieron en los «cuartos de duchas» donde, en lugar de agua, salía gas que los mataba. Tanto a niños, como a hombres y mujeres se les hacía desnudar, y entrar con los brazos levantados para que cupiesen el mayor número de personas posible. Esta ejecución duraba quince minutos. Cuando todos habían muerto, se abrían las puertas y un grupo de trabajo, compuesto también por judíos, retiraba los cadáveres y preparaba todo para el próximo grupo.

Israel tuvo que sufrir la vergüenza de vivir errante, disperso por todo el mundo, sin una patria. Aun dos años después de la guerra, había judíos desplazados por el mundo y sin encontrar un hogar. Justo después del holocausto nazi fue que brotó en ellos el deseo de una patria.

EL ESTADO DE ISRAEL

El 14 de mayo de 1948 es la fecha más importante para el pueblo de Israel. Después de casi dos mil años de destierro y de sufrimientos sin fin, su resurgimiento es casi increíble. El regreso de los hijos de Israel a su patria es un milagro. El pueblo judío es una prueba de la existencia de Dios, y es un reloj que marca la hora en que vivimos en esta dispensación de la gracia.

Todavía Dios pelea por su pequeño Israel; Él nunca desechó a su pueblo. Y con este pueblo tan peculiar se cumplen hoy profecías bíblicas dadas hace miles de años. Israel es un pueblo odiado por unos y amado por otros. Y es que a Israel lo han perseguido, burlado y humillado. También ha tenido que librar batallas con un pequeño grupo de personas. Mientras que grandes imperios han caído y desaparecido, Israel se mantiene en pie negándose a desaparecer, y luchando por lo que cree y por lo que le pertenece.

En ocasión de la guerra de los Seis Días, el dictador egipcio Nasser expresó: «Destruiremos a Israel y lo echaremos al mar». Nasser no sabía que Jehová Dios Todopoderoso, el Dios de Israel, dijo:

Así ha dicho Jehová, que da el sol para luz del día, las leyes de la luna y de las estrellas para luz de la noche, que parte el mar, y braman sus ondas; Jehová de los ejércitos es su nombre: Si faltaren estas leyes delante de mí, dice Jehová, también la descendencia de Israel faltará para no ser nación delante de mí eternamente. Así ha dicho Jehová: Si los cielos arriba se pueden medir, y explorarse abajo los fundamentos de la tierra, también yo desecharé toda la descendencia de Israel por todo lo que hicieron, dice Jehová.

Jeremías 31:35-37

Nasser no sabía que antes de tocar a Israel para destruirle, tendría que desafiar las leyes naturales. Desconociéndolas, atacó a Israel y cometió el error de tratar de exterminar a los judíos. Así, Egipto sufrió la vergüenza de tener que huir ante la pequeña Israel que luchó con celo y fervor patriótico contra un enemigo que tenía mayor número de tanques, aviones y fusiles. Ninguna persona o nación podrá jamás destruir a Israel.

Porque así ha dicho Jehová de los ejércitos: Tras la gloria me enviará él a las naciones que os despojaron; porque el que os toca, toca a la niña de su ojo.

Zacarías 2:8

Desde el 1948, Israel ha sufrido una guerra tras otra. A lo largo de sus cuarenta años ha tenido que hacerle frente a cinco guerras, como la guerra de los Seis Días y la guerra de Yom Kippur, entre otras. Israel no ha cesado de tener un conflicto tras otro y verse asediado por otras naciones. En la actualidad, está enfrascado en una lucha contra un levantamiento palestino que está llevando a su final muchas vidas.

En el año de 1967 llegó el momento de mayor triunfo para Israel, y también el comienzo de sus problemas actuales. Durante esta guerra, Israel acabó teniendo tres veces su territorio original. Tomó posesión de la antigua Jerusalén y proclamó que la ciudad era la capital de la nación. Sin embargo, las naciones árabes, Egipto, Siria, Jordania y otras, están apelando con las Naciones Unidas para expulsar a los judíos de la ciudad vieja de Jerusalén.

Nosotros sabemos que Jerusalén era la antigua capital del reino de Judá donde reinaron David, Salomón y otros reyes judíos. El problema por estas tierras ha prevalecido hasta hoy. Aunque se han suscitado otras guerras, como la guerra de Desgaste (1969-1970) y la guerra de Yom Kippur (octubre de 1973), este conflicto palestino, consecuencia de la guerra de 1967 conocida como la guerra de los Seis Días, es el que mayor daño le está haciendo a Israel. Después de la victoria de esta guerra, que de veras fue un triunfo para el ego judío, se ha generado una actitud agresiva por parte de los enemigos de Israel.

En ocasión de haber terminado la guerra de los Seis Días, David Ben Gurión fue quien le manifestó a Israel que debía devolver todos los territorios capturados durante la guerra, ya que conservarlos podía opacar y, a la larga, destruir la imagen del Estado judío. Esto se llevaría a cabo a cambio de una promesa de negociar la paz. Sin embargo, hubo oposición de hombres israelíes que obstaculizó las propuestas.

Todavía hoy, Israel sufre las consecuencias de la «victoria» de esta guerra. Incluso veintiún años después, Israel conserva los territorios, aunque no de una manera obstinada. Es impresionante que Israel haya logrado tanto en medio de una guerra. Aun así, el levantamiento de los palestinos y la respuesta judía han molestado a los israelíes del extranjero, y también al mundo en general.

JUDÍOS, ¿QUIÉNES SON?

El pueblo judío, israelita, hebreo o sionista, no importa el nombre, es un solo pueblo, pero no constituye una raza. A lo largo y ancho de la faz de la tierra podemos encontrar judíos de piel blanca, de piel negra como los judíos de Etiopía, y de piel amarilla. La misma Biblia nos narra cómo desde el principio de su historia los judíos se mezclaron con otras razas.

Por ejemplo, José, el hijo de Jacob y Raquel, se casó con una egipcia; Moisés mismo tomó por esposa a una cusita, que implica que era una mujer negra. Cuando los israelitas salieron de Egipto, guiados por Moisés, con ellos salió una gran cantidad de gente no hebrea que se unió a los israelitas. Rut, bisabuela de David, era una mujer de la tribu de Moab.

Israel es un pueblo, una gran tribu unida con fuertes lazos familiares tan estrechos que hace imposible su disolución. Es un pueblo que no se puede separar de su religión porque nació con ella. La religión judía es la que dio origen al pueblo judío. Al hablar de religión, de judaísmo, tenemos que hablar de Israel, quien no está dividido por religiones ni dogmas. La vida completa de un judío está atada a los mismos preceptos religiosos. Un judío es un religioso; aquí no hay lugar para un mundo no religioso.

Un judío es una prueba indiscutible de la inspiración divina y, por tanto, una evidencia de la existencia de Dios.

En cierta ocasión, Federico el Grande le pidió a su capellán que le mostrara una evidencia sólida de la inspiración divina de la Biblia, a lo que este contestó: «El pueblo judío, su majestad».

ISRAEL HOY EN DÍA

En la actualidad, el Estado de Israel es un país moderno. Es el hogar nacional de cada judío en el mundo, aunque se calcula que aún quedan en la diáspora 9,3 millones de judíos. Su población hoy se calcula en unos 4 037 620 habitantes. Justo después de su establecimiento como Estado, comenzó una emigración masiva de judíos para su nuevo hogar.

Alrededor de 1950, se realizó la llamada «Operación Alfombra Mágica», a través de la cual cuarenta y cinco mil judíos arribaron a Israel. Los años de 1948 a 1951 fue un tiempo de inmigración en masa a Israel. Para el mismo tiempo, la «Knéset» [La asamblea], que es el parlamento de Israel, proclamó de acuerdo con la ley del regreso: «Todo judío tiene derecho a ser ciudadano de Israel. Por lo tanto, todo judío tiene derecho a emigrar a la tierra de Israel».

Como consecuencia de esto, Israel se enfrentó a una serie de problemas. No todos los judíos venían del mismo lugar, tenían las mismas costumbres ni estructura social. Israel tuvo que afrontar personas con problemas sociales, económicos y físicos. Personas enfermas, lisiadas, casos criminales y afectados de manera psicológica.

Israel ha sufrido y ha tenido que luchar como ningún otro país o pueblo en el mundo. Los israelíes están solos en el mundo, y si han sobrevivido, es por esfuerzo propio y por la misericordia de Dios.

Israel ha salido victorioso de todas las agresiones sufridas, así como fortalecido y más consciente de su «desiderátum» histórico. Es decir, Israel sabe que es como un objeto que desea el mundo.

EL LIBERTADOR DE ISRAEL

A los cuarenta años de vida, Israel se ve cansado y extenuado. Los ideales de su fundación como Estado ya no son tan fuertes, pues hay desilusiones. Su mesías no acaba de llegar. Es más, Israel no tiene amigos, ya que solo Estados Unidos se ha mostrado amigo, pero no le ha sido muy fiel. Israel espera por alguien que le entienda y le dé la mano; espera que se extienda una mano amiga.

Israel vive en una tensión constante. Es un pueblo sin paz, pero es que no puede haber paz sin el verdadero Mesías. A Israel todavía le toca beber la copa más amarga de toda su existencia por haber despreciado al verdadero Mesías. Hace alrededor de dos mil años se presentó un hombre con todas las credenciales de la profecía que le señalaban como el verdadero Mesías, pero no le aceptaron. Junto con este rechazo, también rechazaron el reino de Dios y la salvación.

Para un judío de este tiempo, Jesús el Señor es el Dios de los gentiles, pero no el Dios de los judíos. La expresión de un judío ortodoxo es: «¡Ningún judío puede creer que Yeshúa es el Mesías! ¡No se puede creer en Jesús y ser judío!». Más que en ningún otro tiempo, los judíos esperan ahora su Mesías. El año 1988 les marcó un tiempo especial dentro de su peregrinaje como pueblo elegido y como nación. Así se expresaban con las pancartas en la celebración de los cuarenta años de aniversario que Israel realizó en octubre de 1987: «¡Israel, tu redención se acerca!».

Me contaba un pastor, que estuvo en Israel en el año 1987 que el guía de su grupo era un judío que tenía conocimiento profundo del Antiguo Testamento. Según los llevaba por diferentes lugares bíblicos, les explicaba todo con lujo de detalles. Este pastor se quedaba sorprendido por la forma clara y precisa en que él explicaba todo. Dice que cuando llegaron a la parte de la muralla, les señaló una puerta que estaba cerrada y les dijo: «Esa es la puerta Dorada. Por ella esperamos que entre el Mesías que sabemos viene pronto. El año que viene [1988] se cumplen cuarenta años de habernos establecido como nación. Sabemos que algo grande va a suceder. Si es que viene el Mesías, no lo sabemos, pero sí sabemos que pronto algo grande ha de acontecer».

Israel siente que su redención está muy cerca, que por fin la Palabra de Dios se cumplirá para ellos literalmente. Israel tiene un glorioso futuro en la posesión de su tierra. La Palabra de Dios dice:

> *Pues los plantaré sobre su tierra, y nunca más serán arrancados de su tierra que yo les di, ha dicho Jehová Dios tuyo.*
>
> Amós 9:15

Antes de esto, a Israel lo engañarán de nuevo cuando este «amigo de la paz» establezca un pacto de no agresión con Israel; es decir, un pacto de paz. Israel busca un protector y amigo que luche contra sus enemigos. Entonces, supongamos que aparece un hombre, un político con un plan de paz para el Oriente Medio. Esto le haría ganar el favor de los judíos. Como es natural, al tratar de hacer un esfuerzo por establecer la paz, los engañará un falso Cristo. Firmarán un pacto de paz con el anticristo que, a su vez, les traicionará al romper dicho pacto a la mitad de la semana; esto es, a los tres años y medio. Así lo señala la Palabra:

> *Y por otra semana confirmará el pacto con muchos; a la mitad de la semana hará cesar el sacrificio y la ofrenda.*
>
> Daniel 9:27

Todas las señales para la aparición de este hombre están cumplidas. Por lo que las señales para la venida del Hijo del Hombre están cumplidas también. Sin embargo, el hijo de perdición no podrá manifestarse hasta que el pueblo de Dios sea quitado de la tierra. Entonces, Israel se enfrentará al anticristo cuando este se siente en el templo como dios.

El templo judío que tanto han anhelado, y que ya habrán construido, lo profanará este hombre abominable. Este será el tiempo más terrible para el mundo, en especial para el pueblo de Israel. Durante este período, las naciones del mundo se van a congregar para la última gran batalla, la de Armagedón. Jesús mismo descenderá con gloria y majestad a intervenir en esta batalla (Zacarías 14; Apocalipsis 19:21). Entonces, Israel entenderá que los engañaron, que su Mesías vino en la persona de Jesús y que no lo aceptaron.

¡Gracias sean dadas al Señor que hoy, como nunca antes, existe un creciente número de judíos buscando y preguntando por su Mesías! Están preguntando por Jesús.

Están mirando a aquel que viene en el nombre del Señor, y han dicho: *Yeshúa Hamashiaj*; esto es: «¡Jesús es el Mesías!».

EN RESUMEN

El tema del anticristo es decisivo para estos últimos tiempos. Hacía años que no predicaba sobre este tema en Puerto Rico, ni sentía tocarlo. En cambio, a partir del año 1988, Dios me mostró que predicara este mensaje. Sin duda, es el tiempo decisivo para esto. ¡Ahora más que nunca el mundo tiene que saber lo que le espera si no se afirma en la fe de Cristo Jesús!

En 1987, el Señor me permitió llegar por primera vez a Europa para llevar su Palabra. Tuvimos campañas en España, Portugal y Francia. Entendía que el ambiente que me esperaba era muy difícil y rígido, pero el Señor Jesucristo era quien me enviaba a llevar su Palabra a esas tierras lejanas, y en Él había puesto mi confianza.

Fue una gran experiencia predicar el mensaje profético del anticristo en el mismo lugar geográfico donde se va a manifestar este hombre infernal. El lugar del antiguo Imperio romano, ahora la sede del Mercado Común Europeo. Europa Occidental es el lugar específico del imperio del anticristo y de los días de la Gran Tribulación (Mateo 24:21). Pronto este hombre tomará dominio de la confederación de las diez naciones, y lanzará la tierra a la época más terrible que haya vivido jamás este planeta.

Cuando llegué a Europa, España y Portugal acababan de unirse al Mercado Común Europeo, formando así una confederación de doce países. Eso nos muestra que dos tendrán que salir, porque el anticristo va a tomar diez reinos, no doce.

La Biblia no puede fallar ni un ápice porque es matemáticamente precisa. Dos países saldrán. Luego, fue extraordinario ver que en un diario se publicó una proclama del Mercado Común donde expresaron que están decididos a sacar fuera a dos naciones, pues la economía del Mercado no está lo alta que creen que debe estar. Solo el Señor sabe cómo hará para que se cumpla su Palabra:

El cielo y la tierra pasarán, pero mis palabras no pasarán.

Mateo 24:35

También la Biblia dice:

Sea Dios veraz, y todo hombre mentiroso.

Romanos 3:4

En este viaje a Europa tuve la experiencia de leer en uno de los periódicos una noticia muy interesante. Decía que dentro de poco van a quitar las fronteras entre países; que el territorio de los países de la Confederación quedará como si fuera un solo país enorme. Podrán pasar con entera libertad de un país a otro sin pasaportes, sin que nadie les detenga.

Hay naciones como Francia, Inglaterra y Alemania, con un terrible poderío nuclear, unidas como un solo imperio poderoso. La noticia del periódico la pude vivir como una experiencia más en mi vida. Estando en España tuve que ir a Portugal para cumplir compromisos de predicación. Cuando fuimos a pasar la frontera con todo el equipo que llevábamos, el encargado del «Ministerio Cristo Viene» en

España, solo mostró una tarjeta y nos dejaron pasar sin revisar el equipaje.

Este es el territorio del anticristo. Estos países no saben lo que se aproxima, ni en manos de quién van a caer. Cuando predicaba este mensaje en Francia, los pastores se sorprendían como si nunca hubieran escuchado hablar de este tema, a pesar de que vivían en el epicentro del imperio del anticristo.

El ambiente está preparado. Solo falta que el hombre aparezca y establezca su gobierno. Entonces, sus actos, sabiduría, sagacidad y todos sus movimientos, convencerán a las naciones de que ese es el hombre que hay que ayudar, apoyar y seguir, a fin de que haya paz, se acabe la inflación y terminen las tragedias.

Este hombre está a punto de manifestarse, pero los líderes mundiales no saben que es el anticristo. No lo saben porque le han dado la espalda a Dios; le han puesto a un lado, y en su propia sabiduría han querido resolver sus problemas. El mundo caerá en las garras de un hombre que no se moverá con poder propio, sino con el poder de Satanás.

El diablo le pasará el trono y todo su poder a este hombre. Entonces, su poder persuasivo será tan terrible que todas las naciones, lenguas, tribus y reinos le seguirán y creerán en él. Naciones tan poderosas como Estados Unidos y Rusia creerán en ese hombre y se dejarán engañar. Dominará prácticamente toda la tierra.

Cuando Jesucristo vino no creyeron en Él, le dieron la espalda, siendo Él la verdad. Ahora sucede lo mismo. Se predica el mensaje de Cristo, y si *tú* no lo aceptas, hay una sentencia de engaño sobre tu persona, pues creerás en la mentira. Te encontrarás creyendo en la idolatría, la hechicería, la brujería, el espiritismo, la santería o cualquiera de los movimientos diabólicos de este tiempo postrero. En este tiempo postrero la señal más grande del regreso de Cristo es el engaño. Por eso Jesús nos advierte: «Mirad que nadie os engañe» (Mateo 24:4).

Las falsas sectas, religiones y doctrinas satánicas están enviando al infierno a millares. La Biblia dice que por cuanto se negaron a creer en la Verdad, Dios permitirá que creyeran en la mentira.

Por cuanto no recibieron el amor de la verdad para ser salvos. Por esto Dios les envía un poder engañoso, para que crean la mentira, a fin de que sean condenados todos los que no creyeron a la verdad, sino que se complacieron en la injusticia.

2 Tesalonicenses 2:10-12

Solo hay una verdad, el Señor es la única verdad. Confiésalo como la única verdad. Todo el que invocare su nombre será salvo. Y si sabiendo que Cristo es la única verdad que murió por ti en la cruz del Calvario, que derramó su sangre inocente, dejas la salvación para otro día, te mueves camino al infierno. Decídete ahora, no sigas caminando sin Jesús; camina en la verdad. Abraza la verdad, pues hay una sola verdad. El propio Cristo lo dijo:

Yo soy el camino, y la verdad, y la vida; nadie viene al Padre, sino por mí [...] Santifícalos en tu verdad; tu palabra es verdad.

Juan 14:6; 17:17

Fuera de Jesús no hay nadie ni nada que pueda salvarte. No mires hacia atrás ni hacia los lados. Mira hacia arriba y decídete ahora mismo por Jesucristo.

En él estaba la vida, y la vida era la luz de los hombres.

Juan 1:4

Cuando aparezca el anticristo, todas esas naciones que le han dado la espalda a Jesucristo, que están materializadas, que tienen en los congresos hombres que han prohibido que se lea la Biblia en las escuelas, caerán en ese lazo satánico mortal y terrible. Satanás los engañará trayendo un movimiento de «paz y prosperidad» que hará que las naciones griten: «Por fin llegó el hombre que esperábamos; con paz, seguridad y prosperidad. ¡Se acabó la inflación!». Lo cierto es que no entienden que se llenarán de toda la maldad del diablo. El engaño más terrible que se haya desatado jamás envolverá a todas la naciones y a todos los moradores de la tierra.

El diablo siempre ha querido imitar a Dios, y con su trinidad satánica envolverá a todos los moradores de la tierra. Esta trinidad satánica va a engañar al mundo, lo que conducirá a la catástrofe más grande que se haya visto jamás. Esto viene. No hay quien lo impida, y está a punto de ocurrir. Los triste es que todavía al pueblo de Israel le resta sufrir parte del juicio que empezó hace casi dos mil años. Aún le queda el terrible cumplimiento final en los días que vienen. Después del Rapto de la Iglesia de Jesucristo toda la atención de Dios será para Israel. Siete años que completarán las setenta semanas de años que profetizó Daniel hace más de dos mil quinientos años.

Hay un detalle de suma importancia relacionado con este hombre infernal. Lee con mucho cuidado Apocalipsis 13, donde dice que el número de la bestia es el 666. Ese es el número bíblico, el número profético de este hombre. El seis es el número del hombre, y en este caso se repite tres veces. Estando predicando en Francia me contaron el testimonio de una nena que nació de padres gitanos inconversos. Cuando nació, los médicos se espantaron porque tenía el 666 en la frente, en la palma de las manos y en el abdomen. Utilizando soluciones químicas, los médicos trataron de borrar el número, pero sin ningún resultado. Dios está mostrando que los días del 666 han llegado, que el anticristo está a punto de manifestarse.

Ante un cumplimiento profético tan tremendo como este, ¿cuál debe ser nuestra reacción? Jeremías lo profetizó:

Paraos en los caminos, y mirad, y preguntad por las sendas antiguas, cuál sea el buen camino, y andad por él, y hallaréis descanso para vuestra alma.

Jeremías 6:16

Es época de decidirse. El hombre tiene que pararse, detenerse un momento y entender que solo hay dos caminos: Salvación en Cristo Jesús o condenación en el pecado. ¡Escoge a tiempo! ¡La puerta se cerrará pronto! Amén.

El cuerpo glorificado

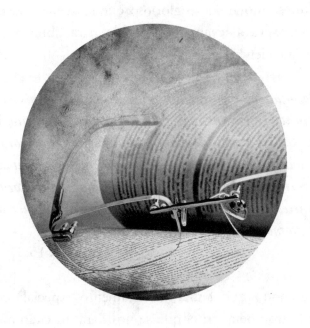

La promesa de un cuerpo nuevo

*D*e ese movimiento glorioso que se acerca, cuando el Señor va a levantar su pueblo para librarlos de los juicios que vienen, el apóstol Pablo dice:

He aquí, os digo un misterio: No todos dormiremos; pero todos seremos transformados, en un momento, en un abrir y cerrar de ojos, a la final trompeta; porque se tocará la trompeta, y los muertos serán resucitados incorruptibles, y nosotros seremos transformados. Porque es necesario que esto corruptible se vista de incorrupción, y esto mortal se vista de inmortalidad.

1 Corintios 15:51-53

De modo que habrá un momento especial, cuando suene la trompeta, en el que se nos dará un cuerpo nuevo semejante al de la gloria de Cristo. En su primera carta a los tesalonicenses, Pablo les dice que esa trompeta sonará cuando la Iglesia del Señor sea arrebatada al cielo:

Porque el Señor mismo con voz de mando, con voz de arcángel, y con trompeta de Dios, descenderá del cielo; y

188

*los muertos en Cristo resucitarán primero. Luego noso-
tros los que vivimos, los que hayamos quedado, seremos
arrebatados juntamente con ellos en las nubes para recibir al Señor en el aire, y así estaremos siempre con el
Señor.*

1 Tesalonicenses 4:16-17

RECIBIREMOS UN CUERPO GLORIFICADO

Los creyentes mundanos, carnales, rencillosos y con falta
de amor no se van. Los creyentes llenos del Espíritu Santo,
hombres y mujeres que se convirtieron de veras a Cristo,
que dan fruto agradable al Señor y son testigos fieles de
Jesucristo, son los que van a volar con el Señor para el cielo
con un nuevo y maravilloso cuerpo de gloria. Dios no quiere
que nadie se quede, sino que todos vayamos al encuentro de
Él en las nubes.

La Biblia nos dice así sobre ese levantamiento y ese
cuerpo nuevo que vamos a recibir:

*Sabemos que cuando él se manifieste, seremos semejantes
a él, porque le veremos tal como él es.*

1 Juan 3:2

Eso es grande. Piensa en Jesucristo, en el Hijo de Dios,
con el cuerpo que tiene ahora que es un cuerpo inmortal, un
cuerpo de gloria. Todo el poder de Dios está en ese cuerpo, y
cuando Él se manifieste, cuando Él descienda para levantar a
su pueblo, seremos iguales a Él. ¿Quién te ofrece tanto como
Él? Si nadie te ofrece tanto, ven a Cristo en este día, entrega
tu vida a Jesús, conviértete a Él de todo corazón, aprovecha la

buena voluntad de Dios que te va a dar un cuerpo y una vida igual a la que tiene Cristo ahora mismo. ¡Gloria sea a Dios! Es maravilloso saber que vamos a ser iguales a Jesucristo. Cuando Jesús se manifieste, seremos semejantes a Él.

14

Cuando suene la trompeta

*V*ivimos en un tiempo postrero y decisivo para la humanidad. Todas las señales del regreso de Jesucristo están cumplidas. Es tiempo dramático, trágico para millares, pero glorioso y maravilloso para quienes están firmes en Cristo Jesús. Si estás firme, afírmate más, pues estamos en las postrimerías del tiempo.

Nos movemos en los últimos tramos de esta gran Carrera por vida o por muerte. En días muy cercanos sonará la trompeta y volaremos con el Señor para el cielo. Ya no habrá más sufrimientos ni más sinsabores, sino que estaremos de fiesta con Jesús por los siglos de los siglos.

QUIÉNES RECIBIRÁN ESE CUERPO

¿Quiénes serán los que van a ser semejantes a Él? En el Evangelio de Juan, Jesús les dice a los discípulos:

Si vosotros permaneciereis en mi palabra, seréis verdaderamente mis discípulos.

Juan 8:31

No es cuestión de cuál es el nombre de mi denominación. Es cuestión de que si nosotros permanecemos en la Palabra, si vivimos la Palabra, si nos movemos y caminamos a la luz del evangelio maravilloso, somos discípulos de Jesucristo.

Tenemos que amar más a Cristo y a su Palabra que a nuestra denominación u organización aquí en la tierra. Tenemos que andar a la luz del evangelio, en la Palabra, asegurándonos que estamos obedeciendo y guardando esa Palabra. De esa manera, tenemos vida, la vida que está en la Palabra bendita del Señor. Los que estemos ahí firmes en la Palabra, realmente agarrados de Dios en plenitud, seremos semejantes a Él en el día que se acerca.

Para ese día todo está cumplido, no hay una señal que no se haya visto. Para ese día solo estamos en una espera de que de un momento a otro sonará la trompeta. Tenemos que estar preparados porque de repente, cuando menos se espere, sonará la trompeta y como ladrón en la noche Jesucristo descenderá y arrebatará a su Pueblo y lo levantará hasta el mismísimo tercer cielo.

CARACTERÍSTICAS DEL CUERPO GLORIFICADO

¿Cómo será ese cuerpo nuevo que vamos a recibir? La Palabra dice que será un cuerpo igual al cuerpo de la Gloria del Cristo resucitado. ¿Cómo era su cuerpo después que se levantó victorioso de la tumba? Si observamos las actividades de Cristo después de la resurrección, podemos entender cómo va a ser el cuerpo nuevo que recibiremos. El que tenemos ahora no es muy eficaz, pues se enferma, se cansa, muere y está limitado por el tiempo, el espacio y las condiciones físicas que le rodean.

Sin embargo, el cuerpo que recibiremos en el Rapto de la Iglesia será igual al que tiene Jesús en la actualidad. ¡Gloria a Dios!

No se sujeta a la ley de gravedad

En la Escritura podemos notar, en Hechos 1:9, que ese cuerpo nuevo no se sujeta a la ley de gravedad. La tierra tiene una fuerza que hala los objetos hacia sí misma. Si lanzas un objeto hacia arriba, este es atraído hacia abajo por el centro de la tierra y regresa. Si yo salto, aunque haga fuerza por no caer, vuelvo hacia abajo. Esa es la ley de gravedad: la tierra atrae todo hacia su centro. El cuerpo que nos van a dar, en cambio, no se sujeta a esa ley de gravedad.

Los discípulos estaban con el Señor cuando Él se despidió de ellos. Les dio las últimas instrucciones y, de pronto, ante sus ojos asombrados, el Señor se levantó de la tierra y comenzó a elevarse. La ley de gravedad no lo podía atraer hacia abajo. Siguió subiendo y lo recibió una nube y en ella siguió hacia lo alto.

Cuando recibamos un cuerpo como el de Jesús, venceremos la ley de gravedad. Nos elevaremos a voluntad y nos podremos sentar en las nubes porque tendremos un cuerpo celestial.

La tierra tiene potestad y dominio sobre lo terreno, pero no sobre lo celestial. Lo celestial está bajo la plenitud del poder de Dios. ¡Ese cuerpo nuevo va a ser una maravilla! De manera que tú te elevarás a voluntad sin necesidad de una nave ni de vestimentas espaciales. Es un cuerpo que atraviesa las inmensidades del espacio como si no existieran las bajas presiones, ni los fríos. Ahora no podemos hacer eso, pero pronto lo podremos hacer. Pronto volaremos. Sonará la trompeta y nuestros pies se levantarán de la tierra, nos elevaremos y notaremos que ya no es exactamente este cuerpo. Es un cuerpo nuevo que se levanta a voluntad. La Biblia dice así:

Pero éstas [cosas] se han escrito para que creáis que Jesús es el Cristo, el Hijo de Dios, y para que creyendo, tengáis vida en su nombre.

Juan 20:31

Esas maravillas están en la Biblia para que te acerques cada día más a Jesucristo. Están en la Biblia para que busques a diario más de Dios, para que tengas un incentivo especial y adicional de agarrarte de Cristo, sabiendo que lo que el Señor te ofrece es tan grande que sobrepasa todo entendimiento y toda imaginación. Así que por nada del mundo te descuides para no perder algo tan tremendo como esto. No hay quien pueda ofrecerlo, solo Jesucristo. Cuando Él se manifieste, nosotros seremos iguales a Él.

Fíjate que Jesús fue el primero en resucitar con cuerpo glorificado. En el sepulcro pusieron un cuerpo natural, como el nuestro, que nació del vientre de la virgen María. En su cuerpo sobre el madero llevó nuestros pecados. Ese cuerpo fue sepultado, un cuerpo donde llevó la maldición del pecado. Fue hecho maldición por culpa nuestra.

Sin embargo, cuando al tercer día resucitó, dice que fue levantado de entre los muertos por la gloria del Padre. Dios lo glorificó y ahora salió un cuerpo no nacido de hombre, sino nacido de Dios, creado por la gloria de Dios. Un cuerpo que ahora se levantó, se elevó, se sentó en una nube y siguió subiendo.

Nos reconoceremos

La Biblia dice algo muy lindo acerca de ese cuerpo. Dice que en ese cuerpo nos podremos reconocer como la misma persona que fuimos aquí abajo en la tierra. Cuando nos levantemos en el Arrebatamiento de la Iglesia, si miramos para el lado veremos un ejército que va volando hacia arriba junto a nosotros. Tú mirarás, y si hay cualquiera de los hermanos que conocimos aquí abajo, lo reconocerás como la misma persona que conociste en la tierra. Es la misma persona con un cuerpo de gloria, un cuerpo transformado que va sentado en una nube. Ahora es un cuerpo que va hacia arriba y la tierra no puede impedirlo. Sin embargo, nos reconoceremos como la misma persona.

¿Dónde la Biblia nos muestra eso? La Palabra dice en Juan 20:19 que en aquel primer día de resurrección los discípulos estaban encerrados, muy temerosos de que los mataran también. De pronto, Jesús apareció en medio de ellos y les dijo: «Paz a vosotros», y les mostró las manos y el costado. Los discípulos lo reconocieron, hablaron con Él y se regocijaron al ver al Señor.

Luego que Jesús se fue de entre ellos, vino Tomás que no había estado en la reunión. Los apóstoles le dijeron: «Al Señor hemos visto» (Juan 20:24). Pero Tomas les dijo:

Si no viere en sus manos la señal de los clavos, y metiere mi dedo en el lugar de los clavos, y metiere mi mano en su costado, no creeré.

Juan 20:25

Pasaron ocho días y el próximo domingo, una semana después de la resurrección, vuelve el Señor y se aparece de nuevo en medio de los discípulos, y ahí estaba Tomas. En cuanto se les apareció, los saludó y dijo:

Paz a vosotros. Luego dijo a Tomás: Pon aquí tu dedo, y mira mis manos; y acerca tu mano, y métela en mi costado; y no seas incrédulo, sino creyente. Entonces Tomás respondió y le dijo: ¡Señor mío, y Dios mío!

Juan 20:26-28

Cuando Jesús dijo esas palabras, me imagino que Tomás abrió los ojos como platos cuando le respondió: «¡Señor mío, y Dios mío!». Lo reconoció como el mismo Jesús que caminó por tres años con él, aunque ahora no era el cuerpo que nació del vientre de la virgen María, sino que era el cuerpo de gloria, el cuerpo de resurrección, el cuerpo creado de manera exclusiva por el Dios del cielo. Era el Unigénito del Padre. Entonces, cuando Tomás exclamó: «¡Señor mío, y Dios mío!», Jesús le dijo:

Porque me has visto, Tomás, creíste; bienaventurados los que no vieron, y creyeron.

Juan 20:29

Esa es la fe de Dios. No te muevas en una fe raquítica, no te muevas en la fe de esta carne, pues la fe de la carne es cuestión de cuando lo veo, lo creo. Esa era la fe de Tomás. El Señor amonestó a Tomás diciéndole: «No seas incrédulo, sino creyente». La fe que es de Dios es por la que primero creemos y luego vemos.

La Biblia declara que Dios les dice a las cosas que no son, que ni existen todavía, como si ya fueran. El mismo Pablo dijo que «por fe andamos, no por vista» (2 Corintios 5:7). Entonces, cuando tengas una petición especial, habla en fe diciendo: «Lo tengo, lo veo ya en mis manos. Eso es mío, me pertenece». Dios no falla en manifestarlo. Así es que opera la sanidad divina. Se ora por el enfermo, pero a pesar de que este siente aún el dolor, dice: «Mentira del diablo, estoy sano. Gracias, Señor, que no tengo nada. Gracias que estoy perfectamente bien». Si insistes en su confesión de victoria, Dios no falla en hacer desaparecer los síntomas.

Primero hay que creer y hablar victoria, pues con la boca confesamos para salud. Después, aparece la bendición porque Dios es fiel y no falla en manifestar lo que hemos creído.

Tomás se movía al revés, y el Señor tuvo que corregirlo. Ahora bien, en el cuerpo de gloria del Señor, en el cuerpo de resurrección, Tomás lo reconoció como el mismo Señor Jesús que anduvo con él por la tierra.

En el cuerpo nuevo nos levantaremos a voluntad y volaremos hacia el cielo. En el cuerpo nuevo nos sentaremos en las nubes y nos reconoceremos como los mismos hermanitos que éramos aquí abajo. Esas cosas están en la Biblia, están escritas para que creas que Jesús es el Hijo de Dios. Entonces, creyendo, tengas vida en su santo Nombre. La vida está en Cristo y solo en Él hay vida para ti y para toda la humanidad. Conviértete a Él y escapa de la condenación.

Porque la paga del pecado es muerte, mas la dádiva de Dios es vida eterna en Cristo Jesús Señor nuestro.

Romanos 6:23

Será un cuerpo de carne y hueso

Lo lógico es pensar que un cuerpo que no se sujeta a la ley de gravedad es un cuerpo espiritual. Sin embargo, la Biblia muestra que no es un cuerpo espiritual, sino un cuerpo físico de carne y hueso. ¿Y cómo un cuerpo de carne y hueso se puede sentar en una nube y no hundirse? Lo que es imposible para el hombre, es posible con Dios. Es un cuerpo que se puede palpar, se puede tocar y vas a encontrar que es sólido.

La Biblia lo dice en Lucas 24:36. Cuando el primer día de resurrección Jesús se le apareció a los discípulos, estos pasaron el susto de su vida. Espantados y atemorizados creían que veían un espíritu, pues sabían que el Señor había muerto y aún no podían creer que el Señor había resucitado. Por lo tanto, el Señor tuvo que decides:

¿Por qué estáis turbados, y vienen a vuestro corazón estos pensamientos? Mirad mis manos y mis pies, que yo mismo soy; palpad, y ved; porque un espíritu no tiene carne ni huesos, como veis que yo tengo. Y diciendo esto, les mostró las manos y los pies.

Lucas 24:38-40

Tocarlo y ver las cicatrices en las manos y los pies era la mejor evidencia para los discípulos.

En lo personal, esto me impresionaba mucho. En una ocasión en que llevaba unos cuantos días encerrado en ayuno y oración en mi hogar, el Señor me dio una experiencia mientras estaba un día orando como a las cuatro de la madrugada. La Palabra dice que los que le buscan de madrugada, le encuentran. La Iglesia del Señor no es una iglesia de holgazanes, sino de madrugadores. Ese día, oraba a las cuatro de la mañana y clamaba a Dios de rodillas. De pronto, oí un ruido cerca. Al abrir los ojos vi a una persona parada frente a mí. Mire y vi con claridad que era alto y estaba vestido de blanco. El cabello caía sobre sus hombros. ¡Sabía que era el Señor!

No me atrevía ni a hablar. Dejé de orar y me quedé quietecito. Él se movió, se paró al lado derecho de mi persona, extendió el brazo izquierdo y lo puso encima de mi espalda. Todo su brazo estaba por encima de mi espalda y la mano le quedaba en mi cintura. Comenzó a hablarme y me dijo: «Yiye, sonríe». Escuché su voz con claridad y traté de sonreír. La sonrisa no me salía. Estaba tenso y no me movía para nada.

De pronto, sentí una curiosidad muy grande. Con lentitud, fui moviendo mi mano derecha hasta que lo agarré de la muñeca. Al agarrarlo, encontré la mano de un hombre. Un brazo sólido de carne y hueso. Yo retiré mi mano poco a poco y la puse de nuevo en su lugar. El Señor terminó de hablarme y desapareció. Entonces, dije: «El cuerpo de gloria es de veras un cuerpo físico. Cuerpo de carne y hueso, pero carne y hueso glorificados». ¡Aleluya!

Cristo vuelve pronto a la tierra. Todo está cumplido, todo se ha visto, estamos a punto de volar para el cielo. No te descuides por nada. Si no tienes a Cristo, no sigas viviendo sin Él, no sigas viviendo perdido, no sigas viviendo en pecado. Arrepiéntete, recibe a Cristo, sálvate y tendrás un cuerpo nuevo por la eternidad. Todas estas cosas están en la Biblia para que creamos que Jesús es el Cristo y para que, creyendo en Él, tengamos vida en su santo Nombre.

No olvides que solo Cristo salva. Pedro no puede salvar, ni Juan, ni Santiago, ni María, ni la Magdalena. Solo Cristo salva. Solo Cristo murió en la cruz por ti. Solo Cristo padeció en el Calvario lo indecible para darnos vida, a fin de que seamos propiedad eterna del Dios de la gloria. Solo Cristo resucitó y recibió un cuerpo glorificado, y nos prometió que nosotros también recibiríamos un cuerpo semejante al suyo.

Jesús nos arrebató de la potestad de Satanás y nos trajo a la potestad del Dios vivo. Cristo te ama. Esta es tu oportunidad de ser salvo. Recíbelo antes de que sea demasiado tarde. Cuando el Señor se manifieste, que será muy pronto, seremos iguales a Él. ¡Gloria a su Nombre!

El Señor Jesucristo fue el primero que resucitó de entre los muertos con cuerpo glorificado. Luego, nosotros seremos el resto que, junto con Él, completaremos la familia de Dios, los hijos de Dios por la eternidad.

Jesús es el Hijo, nuestro Hermano mayor, y nosotros somos los hijos menores, pero con un cuerpo igual al suyo. Tendremos un cuerpo que se levanta a voluntad, un cuerpo que no lo detiene ningún obstáculo, que hasta se puede sentar en las nubes. Un cuerpo físico de carne y hueso como el que tenemos ahora, pero con unas cualidades distintas que lo harán eterno. Por lo tanto, puede subsistir en cualquier ambiente.

Ahora estamos limitados al ambiente de la tierra. Necesitamos su oxígeno, su agua, sus minerales y de lo que produce para poder subsistir. Aquí también estamos limitados por el espacio, el tiempo y las distancias. Ninguna de las cosas que ahora son impedimentos, que limitan nuestra vida y nuestras actividades, será un obstáculo cuando tengamos el maravilloso cuerpo glorificado. El hombre, a través de la ciencia, se esfuerza por sí mismo en vencer los obstáculos y prolongarse la vida. Sin embargo, el único que tiene ese poder es Cristo, quien dijo:

> *Yo soy la resurrección y la vida; el que cree en mí, aunque esté muerto, vivirá.*
>
> Juan 11:25

Puede atravesar paredes

La Biblia dice algo más de ese cuerpo nuevo. Ese cuerpo puede atravesar las paredes. ¿Cómo es posible que un cuerpo físico de carne y hueso pueda atravesar una pared? Así mismo es. Cuando Jesús se les apareció a los discípulos por primera vez, fue el domingo de resurrección.

Los discípulos estaban muy atemorizados y se habían encerrado por miedo a los judíos. De pronto, Jesús apareció en medio de ellos y les dice: «Paz a vosotros» (Juan 20:19). ¿Por dónde pasó si todo estaba cerrado? Atravesó la pared y lo vieron que tenía un cuerpo físico. Era un cuerpo de carne y hueso. De modo que ese cuerpo pasa por las paredes y aparece y desaparece a voluntad.

¿Cuántos van a tener esa maravilla? Piensa en el cuerpo que tenemos ahora y piensa en el que nos van a dar. Este se encuentra lleno de fallas, limitaciones y falto de poder. Sin embargo, viene un cuerpo que no fallará y que tendrá las mismas virtudes y propiedades del cuerpo de nuestro Señor Jesucristo. Estará en nosotros la VIDA de aquel que dijo: «Yo he venido para que tengan vida, y para que la tengan en abundancia» (Juan 10:10).

Tendremos un cuerpo en que no habrá temor a las caídas. Un cuerpo donde no existirá el dolor ni habrá enfermedad que lo toque. Nada ni nadie lo podrá dañar. Es un cuerpo igual al que tiene Cristo Jesús ahora. Acepta a Cristo y vive para Él. Si aún no lo has hecho, ten presente que en Él está la vida. Cristo viene, todo está cumplido. Cuando el Señor se manifieste, nosotros los creyentes, sus discípulos, seremos semejantes a Él. ¿Quiénes son los discípulos? Jesús dijo:

Si vosotros permaneciereis en mi palabra, seréis verdaderamente mis discípulos.

Juan 8:31

Tienes que permanecer en su Palabra. Tienes que guardar su Palabra. Tienes que vivir a la luz de este evangelio. Si quieres ser su discípulo, tienes que vivir por la Biblia.

Comienza a caminar con Jesús, y vive para Él. Saca tiempo para leer la Biblia, pues la Biblia es la Palabra de Dios. Léela todos los días a fin de que puedas vivir por ella y que le puedas testificar a otros.

Háblales a otros para que también acepten al Señor. No vivimos en tiempos para estar viendo novelas y películas mundanas de televisión, ni es tiempo de oír programitas mundanos en la radio, ni de estar leyendo literatura mundana y depravada. No es tiempo para practicar deportes, ni de participar en diversiones terrenas.

Estamos esperando algo celestial, estamos esperando algo eterno que bien pronto se va a manifestar. Algo tan grande que hay que avanzar y agarrarse de Cristo. Hay que aprovechar el tiempo. Esta época es muy mala, difícil y final.

Tenemos que vivir redimiendo el tiempo (Colosenses 4:5). Los sabios y prudentes aprovechan el tiempo. No permitas que en ese día seas de los que se quedan, sino de los que vuelen con un cuerpo nuevo, semejante al de Cristo, hacia el Reino celestial.

Esa propiedad de aparecer y desaparecer a voluntad, y atravesar las paredes es algo muy interesante. La Biblia dice que cuando el Señor establezca su Reino, en la edad del milenio, Él será Rey sobre toda la tierra, y nosotros los creyentes, los vencedores, los que guardemos hasta el fin sus obras, tendremos potestad sobre las naciones. Seremos los gobernantes de las naciones.

Conforme a tu trabajo será tu galardón. Uno estará sobre una ciudad, otro estará sobre dos, otro sobre tres, pero cada cual recibirá de acuerdo a su obra. Nosotros gobernaremos a los sobrevivientes de los juicios que estarán en cuerpo natural como el que tenemos ahora. Sus gobernantes serán personas con un cuerpo como el de Cristo que pasa por las paredes y se hace invisible cuando quiere.

En la época actual, la gente se le esconde a la policía y los asesinan, pero en esa época los gobernantes caminan visibles o invisibles, como los ángeles del cielo. Así seremos nosotros en el día que viene. Estas cosas maravillosas, estos secretos que no salen en los periódicos, ni en las revistas de la tierra, estas maravillas tan tremendas están reveladas en la Biblia, a fin de que creas que Jesús es el Hijo de Dios y que, creyendo en Él, tengas vida en su santo Nombre.

Cree en Cristo. No hay otra fe. Solo hay una fe y esa es la de Cristo. No hay otro que pueda librarte del infierno. No hay otro que te pueda librar de Satanás. No hay otro que te pueda librar de esta carne cuyo sentir es muerte. Solo Cristo es el que te puede librar. Hoy es el día. Por lo tanto, conságrale tu vida, ríndesela, sálvate y comienza a vivir para Él antes de que sea tarde.

Es incorruptible, puede comer

En 1 Corintios 15:52 se nos dice que recibiremos un cuerpo incorruptible. El cuerpo que tenemos ahora tiene que comer, pues se desgasta día a día. El desgaste de este cuerpo es tan increíble que los científicos dicen que cada siete años este cuerpo se desgasta y se reconstruye de nuevo por completo.

Este es un cuerpo corruptible, pero el que vamos a recibir es incorruptible. Ese no se desgasta. Por eso no tiene necesidad de comer. Sin embargo, la Biblia dice que podremos comer. Jesucristo comió en el cuerpo de resurrección. Cuando Él se levantó de entre los muertos y estuvo cuarenta días en la tierra, cientos de testigos lo vieron en su cuerpo nuevo.

En una ocasión, según el capítulo 21 del Evangelio de Juan y desde el versículo 1 en adelante, se narra que los discípulos se fueron a pescar. Entraron en la barca y estuvieron toda la noche echando las redes y no pescaron nada. Ya iba amaneciendo cuando miraron hacia la ribera y vieron un hombre que estaba en la orilla observándolos que les dijo: «Hijitos, ¿tenéis algo de comer?» (v. 5). Al responderle que no, les dijo: «Echad la red a la derecha» (v. 6). Los discípulos echaron la red hacia la derecha y esta se llenó de tantos peces, y tan grandes, que parecía que la red se iba a romper. En cambio, la red no se rompió porque quien dijo: «Echad la red a la derecha» no era un hombre cualquiera, era Jesucristo, el Hijo de Dios. Toda la noche intentaron pescar sin Cristo y no agarraron nada. Ahora Cristo da una orden: «Echad la red a la derecha». Entonces, cuando la echaron, la red se llenó de peces.

Asegúrate que pescas con Cristo, el que dice: «Venid en pos de mí, y os haré pescadores de hombres» (Mateo 4:19). Asegúrate que caminas con Jesús y asegúrate también que hablas por medio de la inspiración de Jesús. Muévete en Cristo, no hagas nada sin Él.

Sin Cristo nada podemos hacer. Sin Él estamos perdidos. Sin Él todo es vanidad. Sin Él todo es fracaso. En este día comienza a caminar con Él para que pesques en abundancia y la barca no se hunda. Cuando se pesca con Cristo, la barca nunca se hunde. Si quieres que tu barca se mantenga a flote, muévete abrazado a Jesús. Pesca con Jesús y seguirás en victoria hasta que te levante para el cielo.

La Biblia dice que cuando Juan vio esa pesca milagrosa, le dijo a Pedro: «¡Es el Señor!» (Juan 21:7). Oyendo Pedro que era Jesús, se puso su ropa y se tiró al agua. No esperó a que la barca llegara, se tiró al agua y nadó hasta llegar primero que nadie para abrazar a su Señor. En las casas de Dios hay que moverse deprisa, hay que avanzar, hay que correr a Cristo. Avanza y acepta a Cristo a tiempo. Esta es la época decisiva de aceptar a Jesús y moverse hacia Él, porque pronto se hará tarde. CRISTO VIENE YA.

Cuando el resto de los discípulos llegaron con la barca y la multitud de peces, ya el Señor tenía pan y brasas en las que había pescado asado. Cuando les dijo: «Venid, comed» (v. 12), todos comieron, y el Señor comió en su cuerpo de resurrección. Esa era la tercera vez que se les presentaba a los discípulos. La primera vez que se les presentó, también comió con ellos. En Lucas 24:41-43 se narra que, como los discípulos no creían, Jesús les pidió de comer y ellos le dieron pescado asado y miel. Los alimentos no serán necesarios para mantener el cuerpo, pero si queremos, podremos comer.

Cuando Jesús se manifieste, cuando pronto descienda para levantar a su pueblo, seremos semejantes a Él y viviremos por siempre con Él. Nada ni nadie nos podrá dañar. Nada constituirá un peligro para nosotros. Ya no habrá tragedias ni preocupaciones. Ya no habrá más dolor ni enfermedad. No habrá opresiones ni diablo que nos toque. Seremos iguales a Él. Cristo viene. Recíbelo y sálvate antes que sea tarde.

Es inmortal

La Biblia dice algo más de ese cuerpo maravilloso, y es que ese cuerpo ya no muere. La muerte no tendrá potestad sobre el mismo. Es un cuerpo inmortal. Los que recibamos ese cuerpo, viviremos por los siglos de los siglos con Jesucristo, nuestro amado Salvador. En su Palabra, el Señor dijo:

> *Porque no pueden ya más morir, pues son iguales a los ángeles, y son hijos de Dios, al ser hijos de la resurrección.*
> Lucas 20:36

Pronto, los hijos de Dios serán como los ángeles y ya la muerte no tendrá potestad sobre ellos. El apóstol Pablo dijo:

> *Y cuando esto corruptible se haya vestido de incorrupción, y esto mortal se haya vestido de inmortalidad, entonces se cumplirá la palabra que está escrita: Sorbida es la*

muerte en victoria. ¿Dónde está, oh muerte, tu aguijón?
¿Dónde, oh sepulcro, tu victoria?

1 Corintios 15:54-55

El aguijón de la muerte es el pecado, y en ese cuerpo nuevo el pecado no podrá tocarnos jamás para nada. Es un cuerpo que ya no peca.

Ahora, en este cuerpo, somos tentados continuamente, pero si estamos firmes en el Señor, si estamos agarrados de Cristo con todo el corazón, con toda nuestra alma, con todo nuestro espíritu y resistimos las tentaciones, vencemos al igual que Cristo venció también en un cuerpo natural. En el cuerpo que viene ya no hay posibilidad de fallar, porque es un cuerpo donde se manifiesta la plenitud del Dios de la gloria. Seremos iguales a Jesús.

Cristo, que es más fuerte que todos los demonios juntos, te ofrece su fuerza, poder, amor, gracia, mansedumbre, voluntad poderosa, gozo y paz. El diablo no tiene gozo ni paz porque está perdido, va para el lago de fuego. Además, no puede dar nada de lo que Cristo nos da, pues Él es el único que tiene paz y gozo, porque es inmortal, y te lo ofrece en este día. Es día de recibir la inmortalidad, el gozo y la paz de Dios. Cristo te llama para darte en abundancia. Hoy es el día precioso y sublime de alcanzar la victoria eterna. Solo Cristo la puede dar.

Eterna juventud

Hay algo más que dice la Biblia sobre ese cuerpo nuevo: Viviremos en eterna juventud. No importa la edad que tengas ahora, ya seas niño o anciano, allá se vivirá en eterna juventud.

Una vez en una campaña en Puerto Rico, el Señor sanó a un anciano, y salió corriendo y saltando por la plataforma. Yo vi que era bien viejito y le pregunté:

—Hermano, ¿qué edad tiene?

—Ciento catorce años —me respondió.

Por poco me desmayo.

—Tengo ciento catorce años, pero testifico todos los días.

—Para vergüenza de tantos evangélicos perezosos que no le reparten un tratado a nadie, ni le hablan a nadie de Cristo —dije—, un anciano de ciento catorce años vive cumpliendo la Palabra que dice que "aun en la vejez fructificarán; estarán vigorosos y verdes" [Salmo 92:14].

Ese anciano de ciento catorce años tendrá un cuerpo joven por completo. Incluso, los cristianos que lo conocieron aquí en la tierra siendo anciano, lo reconocerán. Viviremos en eterna juventud. Los jóvenes que acepten a Cristo conservarán su juventud.

Joven, esto se encuentra a punto de terminar, pues todas las señales están cumplidas. Cristo dijo que cuando viéramos el cumplimiento de las señales, «no pasará esta generación hasta que todo esto acontezca» (Lucas 21:32). Es decir, que la generación que viere todas las señales cumplidas, verá también a Cristo retornar a la tierra por segunda vez. El que viene a Cristo, vivirá en eterna juventud. Si se queda sin Cristo, perecerá para siempre. Pronto vamos a tener un cuerpo nuevo, inmortal, incorruptible y eternamente joven.

El Señor dijo que seríamos como los ángeles. En el capítulo 16 del Evangelio de Marcos encontramos que tres piadosas mujeres entraron al sepulcro a ungir el cuerpo de Jesús. Al entrar al sepulcro, no encontraron el cuerpo del Señor porque Él no estaba entre los muertos. Había resucitado, su cuerpo no pertenecía más a la tumba. Ya en el sepulcro, se espantaron al ver a un joven que estaba a la derecha del sepulcro vestido con una larga túnica blanca que les dijo: «No os asustéis», y les explicó que Jesús había resucitado. Aquel joven vestido de blanco era un ángel del Señor que quizá tuviera millones de años de edad. Nosotros también seremos jóvenes por los siglos de los siglos, por la eternidad.

De modo que en cuerpo de eterna juventud, en cuerpo físico que aparece y desaparece a voluntad, en cuerpo físico que se traslada a velocidades más que supersónicas, en cuerpo físico semejante a la persona actual y en cuerpo físico que atravesaremos por las paredes, en ese cuerpo viviremos por los siglos de los siglos porque es cuerpo semejante al que ahora mismo tiene Cristo Jesús el Hijo de Dios.

Toda esta maravilla será para nosotros de gratis. El precio se pagó en la cruz. Esta maravilla es para ti. Quien desprecia algo tan grande y maravilloso como eso, puede caer de veras en la trágica y horrible alternativa de que el Señor le dé la espalda viendo que desprecia esta tan grande salvación. En este día, dile a Dios: «Señor, yo no te voy a despreciar, me voy a abrazar a ti, voy a comenzar a vivir contigo hoy. Quiero ese cuerpo eterno para mí. Quiero esa maravilla».

Es día de victoria para ti, día de gracia y misericordia. Acepta a Jesús, pues pronto será tarde para toda la humanidad. Solo Cristo puede librarte. Por eso la Biblia dice que estas cosas se escribieron y están en la Biblia para que leyendo esas maravillas podamos creer en Jesús el Hijo de Dios, y que creyendo en Él, tengamos vida en su santo Nombre.

Lo más elemental de la Biblia es lo más importante: QUE SOLO CRISTO SANA. Lo más elemental de la Biblia lo ignoran miles de personas en la tierra: QUE SOLO CRISTO SALVA, que únicamente Cristo libra a los seres humanos de la muerte, de la condenación del juicio y de Satanás.

Miles atribuyen la fe y el poder que solo pertenece a Jesucristo a cuanta criatura se les antoja, pero la Biblia enseña una sola fe, la de Cristo Jesús. Cristo, y solo Cristo, libró al hombre de la trágica alternativa de la condenación. ¡Gloria a Él!

Contaba un evangelista de los Estados Unidos, de nombre Daniel Query, que tuvo una experiencia donde lo sacaron de la tierra. Cuando vino a ver, estaba arriba frente a la ciudad del cielo. Quiso entrar por una puerta enorme delante de él que estaba abierta, pero cuando fue a entrar, salió un personaje de allá adentro y le dijo:

—¿Para dónde va?

—Vengo para entrar en la Ciudad. Yo soy Daniel Query, prediqué a Cristo en la tierra, gané a miles de almas para el Señor y vengo ahora a reclamar mi herencia en el cielo —le contestó.

—No puede entrar —le dijo la persona.

—¿Cómo que no puedo entrar? Para eso es que he venido, para entrar, porque serví a Cristo en la tierra y gané muchas almas, y voy a entrar —contestó Query.

—No, si su nombre no está escrito en el Libro, no entra —le respondió la persona.

—Mi nombre está escrito en ese Libro —dijo el evangelista.

—Un momentito, déjeme ir adentro a ver si está escrito —respondió el personaje.

Entró y al rato salió y le dijo:

—Lo siento, no puede entrar, no está escrito en el Libro.

—¿Que no estoy escrito en el Libro? —le respondió sorprendido el evangelista—. Servía a Jesucristo en la tierra, gané miles de almas. Estoy escrito ahí, usted está equivocado. Vuelva, entre y revise de nuevo.

El personaje entró de nuevo y luego regresó.

—Lo siento —le dijo—, no puede entrar. No está escrito en el Libro.

—No puede ser — contestó Daniel.

—Bueno, pues apele al Trono Blanco —le dijo la persona.

—¡Apelo al Trono Blanco! —dijo Daniel Query.

Cuando dijo eso, lo levantaron de pronto y flotó por una inmensidad. De repente, quedó detenido frente a una luz que resplandecía y de esa luz salió la voz del Padre que le dijo:

—Daniel Query, ¿mintió usted alguna vez en la tierra?

—No, Señor, nunca mentí —contestó.

Cuando dijo eso, dice que en la luz resplandeciente aparecieron muchas mentiritas que parecían inofensivas, pero eran mentiras. Query enmudeció y la voz poderosa del Padre volvió a decir:

—Daniel Query, ¿engañó usted alguna vez en la tierra?

—No, Padre, nunca engañé —contestó.

En la luz resplandeciente aparecieron muchos pequeños negocios que parecían muy turbios y el evangelista enmudeció.

—Daniel Query, ¿robó usted alguna vez en la tierra? —volvió a preguntarle la voz del Padre.

Query bajó su cabeza y guardó silencio. No se atrevió a contestar siquiera. Entonces, volvió Dios y le habló:

—¿Era usted perfecto en la tierra?

—No, Señor, yo no era perfecto —respondió.

En ese momento, escuchó de nuevo la voz del Padre:

—Para entrar en este lugar hay que ser perfecto.

El evangelista solo esperaba oír la voz de Dios decirle: «Maldito, al fuego eterno junto al diablo y sus ángeles». Estaba ahí turbado y temblando cuando oyó detrás de sí unos pasos y pensó que se acercaba el verdugo. En cambio, escuchó una voz muy dulce. Cuando miró, se acercaba un hombre. Cuando ese hombre llegó, le echó el brazo con suavidad sobre sus hombros. Era el Señor Jesucristo que mirando hacia la luz dijo:

—Padre, Daniel Query no era perfecto. Daniel Query cometió faltas, tuvo equivocaciones, falló muchas veces. Lo cierto es que no merece la vida. Sin embargo, Padre, yo di mi vida por Daniel Query —y añadió—: Padre, en la tierra Daniel Query predicó, dio testimonio de mí, me sirvió, me respaldó. Por eso, Padre, yo estoy aquí ahora para respaldarlo en el cielo.

Entonces, con voz de autoridad dijo:

—Padre, abónale sus pecados en mi cuenta.

¡ALELUYA!

Si alguno hubiere pecado, abogado tenemos para con el Padre, a Jesucristo el justo.

1 Juan 2:1

Jesucristo es la propiciación por nuestros pecados. Uno solo murió por nosotros, uno solo tiene la autoridad de estar arriba a la diestra del Poder defendiendo nuestra causa. Si vienes a Jesús, Él no fallará en perdonarte y en cubrirte con su Sangre que nos limpia de todo pecado. Tampoco fallará en transformarte en un hijo del Dios de la gloria.

En el segundo en que aceptamos a Cristo, somos adoptados como los hijos del Dios viviente. Este es tu día, ven a Cristo. Pasa de la muerte a la vida. La paga del pecado es muerte, pero la vida está en Jesús. Pasa de condenación a salvación. La paga del pecado es eternas tinieblas para ti. Sal de las tinieblas y entra a la luz admirable de Jesucristo. Cuando el Señor se manifieste, tú serás semejante a Él, y recibirás un cuerpo eterno e inmortal. Un cuerpo incorruptible y eternamente joven. Un cuerpo de gloria como el que tiene ahora el mismo Jesucristo, el Hijo de Dios.

Estas cosas están escritas en la Biblia y las predicamos para que creas que Jesús, únicamente Jesús es el Hijo de Dios, y que creyendo en Él, tengas vida en su santo Nombre. ¡ALELUYA!

Los testimonios de este libro se realizaron durante la campaña de Minatitlán, México, en abril de 1987.

Apéndice

Pasos a seguir para ser salvo

1. Recibe a Cristo como tu Salvador (Juan 1:12).
2. Ven a Él arrepentido y confiésale tus pecados (1 Juan 2:1; Hechos 3:19).
3. Pídele perdón por tus pecados (1 Juan 4:10).
4. Prométele que te vas a apartar del pecado y pídele su ayuda (2 Timoteo 2:19).
5. Todos los días, ora a Él por tu salvación y tu prójimo (Lucas 21:36).
6. Lee la Biblia cada día (Juan 5:39).
7. Únete a una iglesia donde puedas recibir el bautismo del Espíritu Santo y los sacramentos instituidos por Cristo (Hechos 2:3-4; 2:38; Marcos 16:16; Mateo 26:26-28).

LOS DIEZ MANDAMIENTOS
Éxodo 20:3-17

1. No tendrás dioses ajenos delante de mí.
2. No te harás imagen, ni ninguna semejanza de lo que esté arriba en el cielo, ni abajo en la tierra, ni en las aguas debajo de la tierra. No te inclinarás a ellas, ni las honrarás; porque yo soy Jehová tu Dios, fuerte, celoso.
3. No tomarás el nombre de Jehová tu Dios en vano.

4. Seis días trabajarás, y harás toda tu obra; mas el séptimo día es reposo para Jehová tu Dios.
5. Honra a tu padre y a tu madre, para que tus días se alarguen en la tierra.
6. No matarás.
7. No cometerás adulterio.
8. No hurtarás.
9. No hablarás contra tu prójimo falso testimonio.
10. No codiciarás la casa de tu prójimo, no codiciarás la mujer de tu prójimo, ni su siervo, ni su criada, ni su buey, ni su asno, ni cosa alguna de tu prójimo.

TEMAS IMPORTANTES PARA ESTUDIAR EN LA BIBLIA

1

SOLO CRISTO SALVA

- El Único Salvador (1 Timoteo 1:15)
- Un solo Salvador (Hechos 4:12)
- Un solo poder (Mateo 28:18)
- Único mediador (1 Timoteo 2:5)
- Único intercesor (Romanos 8:34; Hebreos 7:25)
- Un solo camino (Juan 14:6; Efesios 2:18)
- Él es el Pan de la Vida (Juan 6:35)
- Un solo Dios y Señor (1 Corintios 8:6)
- Único Soberano (Judas 4)
- Único libertador (Juan 8:36)
- Por Él somos hijos de Dios (Juan 1:12)

- Único Abogado (1 Juan 2:1)
- Lo único a saber (1 Corintios 2:2)
- El Único fundamento (1 Corintios 3:11)
- Por Él no nos perdemos (Juan 3:16)
- Él es el Todo (Colosenses 3:11)
- Hacerlo todo en su Nombre (Colosenses 3:17)
- Él es nuestro Único sacerdote (Hebreos 4:14)
  FUERA DE CRISTO NO HAY VIDA ETERNA

❷
SALVACIÓN

- Arrepentirse y bautizarse (Hechos 2:38)
- Por el evangelio (Marcos 16:15)
- Arrepentirse y convertirse (Hechos 3:19)
- Hacer profesión pública de fe (Mateo 10:32; Lucas 2:8; 1 Timoteo 6:12)
- Convertirse a Cristo (Hechos 11:21)
- Perseverar hasta el fin (Mateo 10:22)
- Nacer de nuevo (Juan 3:3-8)
- Leer la Biblia (Juan 5:39)
- Por fe en Cristo (Gálatas 2:16)
- Por fe, no por obras (Efesios 2:8-9)
- Vivir por el Espíritu (Romanos 8:13)
- Orar en todo tiempo (Lucas 21:36)
- Permanecer en Cristo (1 Juan 3:6)
- Guardar sus mandamientos (Juan 14:21)
- Trabajar para Cristo (Juan 15:2)
- Arrepentirse y convertirse, o se mueren (Lucas 13:3-5)

ARREPIÉNTETE Y VIVE PARA CRISTO; NADIE MÁS PUEDE SALVARTE

3
SANTIDAD
DIOS NOS HA LLAMADO A SANTIDAD

- Ser santos (1 Pedro 1:16)
- Exige santidad (1 Tesalonicenses 4:7)
- Sin santidad no verán al Señor (Hebreos 12:14)
- Santidad en la Iglesia (Efesios 5:27)
- Ser perfectos (Mateo 5:48)
- Cosas de arriba (Colosenses 3:2)
- Apartarse de la iniquidad (2 Timoteo 2:19)
- Apartarse de la vanidad (Jeremías 2:5)
- Hacer morir las obras de la carne (Romanos 8:13)
- No amar al mundo (1 Juan 2:15; Santiago 4:4)
- Apariencia (1 Corintios 11:14-16)
- Forma de vestir (1 Timoteo 2:9)
- Adornos (Isaías 3:18-24; 1 Pedro 3:3)
- Mujer vestida de hombre (Deuteronomio 22:5)
SEAMOS LIMPIOS POR DENTRO Y POR FUERA

4
ADORAR Y CONFIAR SOLO EN DIOS

- Al Creador y no a las criaturas (Romanos 1:25)
- Todo hombre es mentiroso (Romanos 3:4)

- Pedro impide que lo adoren (Hechos 10:25-26)
- Pablo impide que lo adoren (Hechos 14:9-15)
- Ángel impide adoración (Apocalipsis 22:9)
- Maldito el que confía en hombres
  (Jeremías 17:5-7)
- Dios no comparte su gloria (Isaías 42:8)
- Adorar solo a Dios (Lucas 4:8)
- Confiar en Dios, no en el hombre (Salmo 118:8)
- No confiar en hombres (Salmo 146:3; Isaías 2:22)
- Solo Dios salva (Isaías 43:11)
- Orar solo a Dios; no a María, ni a muertos
  (Mateo 6:6)
  HAZ DE DIOS TU REFUGIO

5
SEÑALES ACERCA DE QUE ERES UN CREYENTE

- Señales que nos dejó Cristo (Marcos 16:15)
- Tienes poder de Dios (Juan 14:12)
- Los frutos del Espíritu (Gálatas 5:22)
- Dones del Espíritu (1 Corintios 12: 7-11)
- Si trabajas para Cristo (2 Corintios 2:14-17)
- El Espíritu da testimonio (Romanos 8:14-16)
- Vives para Cristo (2 Corintios 5:15)
- Eres nueva criatura (2 Corintios 5:17)
- Si rechazas los deseos de la carne (Gálatas 6:8)
- Has crucificado la carne con sus deseos (Gálatas 5:24)
  ¿ERES TÚ UN CREYENTE?

⑥ IMÁGENES

- No tienen divinidad (Hechos 17:29; 19:26)
- Es una necedad (Romanos 1:22-25)
- Ni las toques (Colosenses 2:20-23)
- Los Diez Mandamientos (Éxodo 20:1-7; Deuteronomio 5:7-21)
- Serán avergonzados (Isaías 44:9)
- Dios las maldijo (Deuteronomio 27:15)
- Están corrompidas (Deuteronomio 4:15-16)
- Ídolos mudos (1 Corintios 12:2)
- Como ellas te pondrás (Salmo 115:3-8)
  NO LAS HAGAS NI LAS TENGAS; ES IDOLATRÍA

⑦ ESPÍRITU SANTO

- Él lo prometió (Juan 14:16-23)
- Nos lo enseñará todo (Juan 14:26)
- Nos dará el poder (Hechos 1:8)
- Bautismo de Pentecostés (Hechos 2:3)
- Al recibirlo se ve y oye (Hechos 2:33)
- Se ve al recibirlo (Hechos 8:14-18)
- Señal de que lo has recibido (Hechos 10:44-46)
- Señal de las lenguas (Hechos 19:2-6)
- Se siente al recibirlo (Juan 7:37-39)
- Jesús ordenó recibirlo (Juan 20:22)
- Sé lleno de Él (Hechos 13:52; Efesios 5:18)

- Tenemos que recibirlo (Hechos 11:15-16)
  TODOS DEBEMOS RECIBIRLO

8
EL BAUTISMO EN AGUA

- Mandato de Cristo (Mateo 28:19)
- Sacramento de vida (Marcos 16:16)
- Para perdón de pecados (Hechos 2:38)
- Hay que recibirlo (Hechos 19:3-5)
- Después de creer (Hechos 8:35-38)
- Después de aceptar a Cristo (Hechos 16:31-33)
- Sepultado en las aguas (Romanos 6:2-4; Colosenses 2:12)
  NO ES PARA NIÑOS, NI PARA PECADORES SIN ARREPENTIMIENTO

9
LA SANIDAD DIVINA

- Dios es el Sanador (Éxodo 15:26)
- Por sus llagas fuimos sanados (1 Pedro 2:24)
- Sana todas tus dolencias (Salmo 103:3)
- El Señor los levantará por la oración (Santiago 5:14)
- Él llevó nuestras dolencias (Mateo 8:17)
- Los creyentes lo harán (Marcos 6:18)
- Pedirlo en su Nombre (Juan 14:14)
- Cristo lo ordenó (Lucas 9:2; 10:9)

- Él desea que estés sano (3 Juan 1:2)
- Glorifica a Dios en tu cuerpo (1 Corintios 6:20)
- Toda dolencia es del diablo (Hechos 10:38)
  LA ORACIÓN DE FE SANA AL ENFERMO

⑩
ESPIRITISMO

- No los consultes (Levítico 19:31)
- Serán extirpados (Levítico 20:6)
- Su sangre caerá sobre ellos (Levítico 20:27)
- Es abominable (Deuteronomio 18:10-12)
- Por eso murió Saúl (1 Crónicas 10:13-14)
- Los muertos nada saben (Eclesiastés 9:4-5)
- Serán sumidos en las tinieblas (Isaías 8:19-22)
- Son demonios que adivinan (Hechos 16:16:19)
  ES OBRA DEL DIABLO

⑪
VENIDA DE CRISTO

Siete es el número profético que indica la totalidad en la obra de Dios. Él creó el mundo en siete días. Seis días trabajó y en el séptimo descansó (2 Pedro 3:8). Han pasado casi seis mil años de la creación del mundo. El próximo milenio entramos en su reposo y Cristo reinará en la tierra con sus escogidos. Lee sobre estos eventos maravillosos próximos a ocurrir.

- El Rapto (1 Corintios 15:51; 1 Tesalonicenses 4:16)
- Raptados por su orden (1 Corintios 15:22-23)
- Los primeros rescatados (Apocalipsis 3:8-10; 14:4)
- La Gran Tribulación (Apocalipsis 6:1-9)
- Los últimos rescatados (Marcos 13:24; Apocalipsis 7:9-14)
- Los juicios de Dios (Apocalipsis 8:9, 11)
- El Milenio (Apocalipsis 20:4-5)
  TODO ESTÁ CUMPLIDO, CRISTO VIENE PRONT O

12
LA IGLESIA

- Cristo la instituyó (Mateo 16:18)
- Es de Él (Romanos 16:16)
- Es su Cuerpo (Efesios 1:22-23; 5:23; Colosenses 1:24)
- Cristo es su cabeza (Colosenses 1:18; 2:8-10)
- Todo está sujeto a Él (Hebreos 2:8)
- Cristo es la Piedra (Lucas 20:17; Hechos 4:11; Romanos 9:33; 1 Corintios 10:4; Efesios 2:20-21; 1 Pedro 2:4-8)
- Una sola roca (2 Samuel 22:2-3)
- Sin mancha ni arruga (Efesios 5:27)
- Cualquier congregación en su Nombre (Mateo 18:19-20)
  LA IGLESIA UNIVERSAL ES EL CUERPO DE CRISTO

⑬
IMPORTANCIA DE LA BIBLIA

- Hay que estudiarla (Juan 5:39)
- Para saber la verdad (Hechos 17:11)
- Esa espada es la Palabra (Lucas 22:36)
- Desde la niñez (2 Timoteo 3:14-17)
- Crecer en su conocimiento (2 Pedro 3:18)
- Para nuestra consolación (Romanos 15:4)
- No adulterarla (2 Corintios 4:2; Apocalipsis 22:18)
- No ir más allá de ella (1 Corintios 4:6)
- No alterarla (Deuteronomio 4:2; Proverbios 30:6; Eclesiastés 3:14)
- Él nos hace entenderla (Lucas 24:32-45)
- Todo conforme a ella (1 Corintios 15:3-4)
- Él te enseña todo (Juan 14:26)
- Por no conocerla (Marcos 12:24)
- La Biblia, no la tradición (Marcos 7:5-9)
  DEBES LEERLA TODOS LOS DÍAS

⑭
PECADOS Y SU PERDÓN

- Su paga es muerte (Romanos 6:23)
- El que peca es del diablo (1 Juan 3:8)
- Perdonados por Cristo (Hechos 10:43; 13:38)
- Solo Él puede perdonar (Salmo 103:3)
- Por su sangre (Mateo 26:28; Romanos 3:25; Colosenses 1:13-14)

- Solo en Cristo (1 Juan 4:10)
- Cristo los llevó (Hebreos 9:28)
- Sin derramamiento de sangre no hay perdón (Hebreos 9:22)
- Ora por ellos (1 Juan 5:16)
- Ora solo a Dios (Hebreos 4:16)
- El sacerdote no puede perdonarlos, Cristo sí (Hebreos 10:11-12)
- Solo Dios puede perdonar (Marcos 2:7; 11:25)
- Si te conviertes (Ezequiel 18:32)
- Solo en el Señor (Salmo 130:4)
- El diablo los hace pecar (Efesios 2:2)
  SOLO LA SANGRE DE CRISTO QUITA EL PECADO

⓯
TENEMOS UN ALMA

El alma y el espíritu forman nuestra personalidad espiritual que está dentro del cuerpo de carne. En la muerte, el alma sale del cuerpo y pasa a la eternidad, ya sea al paraíso o al infierno.

- Hay un espíritu en el hombre (Job 32:8)
- El hombre tiene un espíritu dentro de sí (Zacarías 12:1)
- Tenemos cuerpo y alma (Mateo 10:28)
- El espíritu del hombre está en él (1 Corintios 2:11)

- Tenemos alma, espíritu y cuerpo
  (1 Tesalonicenses 5:23)
- Dios nos hizo a su semejanza; tenemos una triple
  personalidad al igual que Él (Génesis 1:26)
- Tenemos alma y espíritu (Hebreos 4:12)
- Es lo más importante (Mateo 16:26)
  ¿HACIA DÓNDE VAS TÚ?
  SOLO CRISTO SALVA
  ENTRÉGATE A CRISTO Y SÉ SALVO AHORA

16
LA MUERTE

- El cuerpo vuelve al polvo y el espíritu a DIOS
  (Eclesiastés 12:7)
- El espíritu se aparta del cuerpo (Santiago 2:26)
- El alma sale del cuerpo (1 Reyes 17:20-22)
- Dejamos de vivir en el cuerpo (2 Corintios 5:8)
- Si mueres en Cristo, te vas con el Señor
  (Filipenses 1:23)
- Si mueres salvo, los ángeles guían tu alma al paraíso
  (Lucas 16:22)
- Si mueres condenado, vas al infierno
  (Lucas 16:23)
- Los redimidos en el cielo hablan y los visten de
  blanco (Apocalipsis 6:9-11)
- Unos mueren salvos y otros condenados
  (Marcos 16:16)

- Los muertos en el infierno (Hades) no salen hasta el juicio final (Apocalipsis 20:13)
- Los muertos que no están en el Libro de la Vida pasan al *lago de fuego y azufre* (Gehena) por la eternidad (Apocalipsis 20:15)

EN LA MUERTE, SALES DEL CUERPO CON SALVACIÓN O EN CONDENACIÓN

⑰
EL SÁBADO

- Que nadie los juzgue por los sábados (Colosenses 2:16)
- Los dirigidos por el Espíritu no están bajo la ley (Gálatas 5:18)
- Los dirigidos por el Espíritu Santo, los tales son los hijos de Dios (Romanos 8:14)
- Si por la ley se alcanza la justicia, Cristo murió en vano (Gálatas 2:21)
- Los sacerdotes en el templo no tenían que guardarlo; mucho menos la Iglesia que está en Cristo (Mateo 12:5-8)
- Cristo es el Señor del sábado (Marcos 2:27-28)
- Jesús no observaba el sábado (Juan 5:18; 9:16)
- Somos justificados por la fe sin las obras de la ley (Romanos 3:28)

LA COMUNIÓN CONTINÚA CON CRISTO Y ES EL DESCANSO DEL NUEVO TESTAMENTO

AYUNO

- Israel ayunó delante de Dios todo el día (Jueces 20:26)
- Israel ayunó y confesó su pecado delante de Dios (1 Samuel 7:6)
- David ayunó siete días (2 Samuel 12:16)
- Se reunían para ayunar (Nehemías 9:1)
- Promulgaron ayuno en presencia de Dios (Jeremías 36:9)
- David ayunaba y oraba (Salmo 35:13)
- El ayuno es para desatar y romper los yugos del diablo (Isaías 58:6)
- Hay ayuno privado (Mateo 6:16)
- Hay ayuno en asamblea (Joel 2:15)
- Jesús estableció que sus discípulos ayunarían (Mateo 9:15)
- Cuidarnos de la glotonería (Lucas 21:34)
- Hay demonios que no salen si no es con oración y ayuno (Marcos 9:29)
- Pablo ayunó tres días y fue lleno del Espíritu Santo (Hechos 9:9)
- Cristo ayunó cuarenta días y cuarenta noches (Mateo 4:1)
  ES UN PRECEPTO DEL NUEVO
  TESTAMENTO PARA LOS CRISTIANOS

19
EL INFIERNO

- Dará sus muertos para el Juicio Final (Apocalipsis 20:13-14)
- Los pecadores tendrán su herencia eterna en el lago de fuego (Apocalipsis 21:8)
- Para todo el que aborrece a su prójimo (Mateo 5:22)
- Es tiniebla para los desobedientes (Mateo 8:12)
- Teme a Dios que puede destruir tu alma en el infierno (Lucas 12:5)
- Todos los pecadores irán ahí (Mateo 13:42)
- Quita de tu vida todo lo que te pueda enviar al infierno (Mateo 18:8-9)
- Lugar de llanto y crujir de dientes (Mateo 22:13)
- Lugar para los hipócritas (Mateo 24:51)
- Lugar para los que no llevan fruto (Mateo 25:30)
- Estarán en el fuego eterno (Gehena) con el diablo y sus ángeles (Mateo 25:41)
- Es lugar de tormento y de sed (Lucas 16:24)
- Los malos irán ahí (Salmo 9:17)
- Hay un lugar de luz y uno de tinieblas; ¿hacia cuál vas tú? (Job 38:19)
- El lugar de salvación está hacia arriba y el de condenación hacia abajo (Proverbios 15:24)
  AHÍ VAN TODOS LOS QUE MUEREN EN PECADO
  LOS QUE DICEN QUE NO HAY INFIERNO SON MENTIROSOS
  LOS CREYENTES DE CRISTO SERÁN

LEVANTADOS DE LA TIERRA ANTES DE QUE CAIGAN LOS JUICIOS

I. TIPOS EN EL ANTIGUO TESTAMENTO

- Dios levantó a Enoc al cielo (Génesis 5:24)
- Vino el diluvio, pero ya a Enoc lo habían levantado al cielo (Génesis 7:10)
- Cristo dijo que como fue en los días de Noé sería en los días de su venida (Lucas 17:26)
- Elías subió al cielo, un tipo del Rapto (2 Reyes 2:11)
- Juicio sobre cuarenta y dos jóvenes burlones que fueron despedazados; esto es tipo de la gran tribulación que durará cuarenta y dos meses; hubo un juicio terrible sobre los jóvenes, pero antes de este se produjo el rapto de Elías; lo primero es el Rapto y después el JUICIO (2 Reyes 2:24; Apocalipsis 13:5)

Ahora están a punto de caer los juicios de Dios por causa de la maldad, pero antes habrá un Rapto y los creyentes que andan con Dios, como Enoc, serán levantados. Los indiferentes se quedarán.

II. TIPOS EN EL NUEVO TESTAMENTO

- Él recogerá el trigo en su granero y luego quemará la paja en fuego; primero recoge (Mateo 3:12)

- Viene de repente UN DÍA TERRIBLE como un lazo, pero los que estén firmes ESCAPARÁN (Lucas 21:34-36)
- Viene HORA DE PRUEBA para todo el mundo, pero CRISTO LIBRARÁ a los que guardan su Palabra (Apocalipsis 3:10)
- Cristo nos llevará con Él, de esa forma nos librará (Juan 14:2-3)
- Antes de que ocurra la Tercera Guerra Mundial, el Señor nos llevará como ladrón: ¿Cuándo? (Apocalipsis 16:13-16)
- Nos dice que los ÚLTIMOS SIETE AÑOS de esta edad son para Dios tratar con Israel; ANTES SU IGLESIA VUELA AL CIELO (Daniel 7:24-27)
- Cristo desciende a terminar la Tercera Guerra Mundial y sus santos vienen con Él, pero los levanta antes de la guerra (Zacarías 14:5)

III. ¿QUÉ HACER?

- Santificarse por completo (1 Tesalonicenses 5:23)
- Andar por la senda antigua (Jeremías 6:16)

IV. ORACIÓN DE FE POR SALVACIÓN

Amado Dios:
Acepto a Cristo ahora mismo como mi único Salvador. Te acepto Jesús públicamente, no me avergüenzo de ti, perdona mis pecados. Entra a mi

corazón, cambia mi vida. Lávame en tu sangre y ayúdame a que yo permanezca firme en tu camino, firme en la iglesia. Bautízame y lléname con el Espíritu Santo.

Gracias, Jesús, creo en ti y soy salvo ahora. Creo en ti, Jesús, y tu sangre limpió mis pecados. Amén.

Si a través de la lectura de este libro Dios tocó tu corazón y le aceptaste como tu Salvador personal, o te has reconciliado con Él, escríbenos, queremos orar por ti.

Ministerio «Cristo Viene»
Carr. Rd 2 Km 96.2 Membrillo
Camuy, 00627
Puerto Rico

Acerca del Autor

José Joaquín Ávila, mejor conocido como Yiye Ávila, recibió el llamado de Dios en 1960. En el año de 1967, Dios lo inquieta a dejar su profesión de maestro de Química y Biología, la cual había ejercido por veintiún años, y a dedicarse por completo a la evangelización y a vivir por fe.

Además de su obra como evangelista en distintas partes del mundo, realizó un gran trabajo en la radio y la televisión, fundando en 1987 el canal televisivo «La Cadena del Milagro», con cobertura a nivel mundial, ejerciendo su ministerio por alrededor de cincuenta años.

El viernes 28 de junio de 2013, el hno. Yiye Ávila partió hacia las moradas celestiales, pero su legado continúa latente en el corazón de los miles de personas alcanzados con su mensaje evangelizador y de los que recibieron poderosos milagros de parte del Señor a través de su ministerio, el cual continúa realizándose por medio de su equipo de trabajo en Camuy, Puerto Rico. ¡A Dios sea la gloria!